Tarot - Die Magie der Karten entschlüsselt

Legemethoden und Geheimnisse der Tarotkarten
Die Kunst der Karteninterpretation

von Isabella Goldenstein

Isabella Goldenstein

TAROT
DIE MAGIE DER KARTEN ENTSCHLÜSSELT

Legemethoden und Geheimnisse der Tarotkarten
Die Kunst der Karteninterpretation

INHALT

Einleitende Worte 7

Der Beginn einer faszinierenden Reise –
die ersten Schritte in die Welt des Tarots 8

    Tarot gestern und heute – ein historischer Überblick 8

    Warum beschäftigen sich Menschen mit Tarot? 10

    Kein Relikt aus alter Zeit – warum Tarot auch heute noch relevant ist 13

    Warum sollte man sich mit Tarot beschäftigen? 15

    Tipps und Tricks für Tarot-Neulinge 17

Alles, was ein Tarot-Meister wissen muss –
Einblick in die wichtigsten Grundlagen 23

    Major Arcana und Minor Arcana 23

    Was haben wir denn da? – die wichtigsten Tarotkarten und ihre Bedeutung 26

        Die Bilder und Symbole der Major Arcana und ihre Bedeutung 27

        Die Bilder und Symbole der Minor Arcana und ihre Bedeutung 30

    Numerologie bei Tarotkarten 33

        Die Bedeutung der Ziffern in der Major Arcana 33

        Die Bedeutung der Ziffern in der Minor Arcana 36

    Die Farben bei den Tarotkarten und ihre Bedeutung 38

    Unterschiede zwischen alten und modernen Tarotdecks 40

        Welche Tarotdecks gibt es? 40

        Was ist der Unterschied zwischen alten und modernen Tarotdecks? ... 41

    Vorbereitung einer Tarotlesung 42

        Die Rolle des Fragenden 42

        Wie sollten die Fragen beim Tarot formuliert werden? 43

        Wie wichtig ist die Intuition bei der Legung? 44

        Ethische Verantwortung beim Tarot 45

Mehr als nur Hokuspokus die Kunst des Tarotkartenlegens 49

    Es ist noch kein Tarot-Meister vom Himmel gefallen – Vorbereitung beim Tarot 49

    Tipps und Tricks bei der Auswahl des Decks 49

    Wie neu – wie man Tarotkarten reinigt und auflädt 52

    Anordnung der Karten 55

    Was liegt denn da? Typische Legemuster im Überblick 57

    Ich sehe was, was du nicht siehst – Interpretationsmöglichkeiten beim Tarot 60

    Grundlagen der Deutung und Deutungstechniken 60

    Bedeutung der Positionen im Legemuster 62

    Wichtige Kombinationen zwischen den Karten 64

    Konkrete Beispiele mit entsprechender Interpretation.. 64

    Welche Gefahren können bei Missdeutung lauern?...67

Die Karten offenbaren sich – Tarot-Symbolik im Detail 68

    Die Geheimsprache der Major Arcana...68

    Die Geheimsprache der Minor Arcana...70

    Interpretationsmöglichkeiten, Zahlen und Symbole der Minor Arcana 71

    Das Geheimnis hinter den Zahlenkarten –

    die Bedeutung der Ziffern in der Minor Arcana 73

Mehr als nur Theorie 75

Tarot in seiner praktischen Anwendung 75

    Tarot als Mittel zur Selbstreflexion 75

    Tarot als Mittel zur Entscheidungsfindung 78

    Tarot als Mittel für zwischenmenschliche Beziehungen 81

Alles andere als ein alter Hut Tarot in unserer modernen Welt 84

    Tarot und Spiritualität 84

    Tarot und Mediation 86

    Der Einfluss von Tarot 88

Das Leben mit Tarot 90

    Reflexionen über Tarot-Erfahrungen 90

    Kontinuierlich Tarot praktizieren 91

Anhang 92

EINLEITENDE WORTE

Tarot muss sich noch immer mit zahlreichen Klischees und Vorurteilen herumschlagen. Es existieren nach wie vor falsche Annahmen, welche in erster Linie auf eine falsche Vorstellung sowie fehlende Hintergrundinformationen zurückzuführen sind.

Das Bild von der mit Schmuck behängten „Zigeunerin" oder dem alten Mütterchen mit Warzen und Hakennase, die in zwielichtigen Zelten auf Jahrmärkten gutgläubigen Kunden die Zukunft vorhersagen, ist ein alter Aberglaube, der nichts mit der Realität zu tun hat. Fakt ist: Tarotkarten können die Zukunft nicht vorhersagen. Sie dienen lediglich als Mittel zur Selbstreflexion und Stressbewältigung sowie als Ratgeber und Entscheidungshilfe.

Auch die Eingliederung der Tarotkarten in eine rein esoterische und spirituelle Schiene wird dem interessanten Hobby nicht gerecht. Die Tatsache, dass Tarotlegungen im spirituellen Bereich oder bei der Erforschung der eigenen Spiritualität eine zentrale Rolle spielen, ist nicht von der Hand zu weisen. Aber die Tarotdecks haben die spirituelle Welt längst hinter sich gelassen und sich auf nahezu alle Bereiche unseres Lebens ausgedehnt. Große Teile der Bevölkerung befragen regelmäßig die Karten, um etwas mehr über sich zu erfahren, eine Entscheidungshilfe zu erhalten oder einen tieferen Einblick in Liebe, Finanzen oder Karriere zu gewinnen.

Dieses Buch ist ein umfangreiches Nachschlagewerk rund um das spannende Thema Tarot. Es richtet sich gezielt an Anfänger und Einsteiger, die gerne etwas genauer hinter die Geheimnisse der Tarotkarten blicken möchten. Es liefert Interessenten wichtige Hintergrundinformationen, klärt über Tarotkarten und Tarotdecks auf, gibt hilfreiche Tipps im Hinblick auf mögliche Interpretationsansätze und stellt die wichtigsten Legesysteme vor.

DER BEGINN EINER FASZINIERENDEN REISE

die ersten Schritte in die Welt des Tarots

Tarot kann ein sehr faszinierendes Hobby sein. Bevor man sich aber vollkommen willkürlich die Karten legt, ist es hilfreich, sich mit dem notwendigen Basiswissen vertraut zu machen. Hierzu zählen unter anderem die Geschichte des Tarots, die Bedeutsamkeit der Tarotkarten in unserem heutigen Zeitalter sowie ein paar wertvolle Tipps und Tricks für den erfolgreichen Einstieg.

TAROT GESTERN UND HEUTE – EIN HISTORISCHER ÜBERBLICK

Um die Entstehung der Tarotkarten und des Tarots ranken sich zahlreiche Mythen und Legenden. Insbesondere für den Ursprung und die Anfangsphase existieren keine wissenschaftlich fundierten Belege. Man geht vielmehr davon aus, dass die ersten Berichte über die Anwendung von Tarot erfundene Geschichten sind.

Tarot im Alten Ägypten
Obwohl nicht bekannt ist, wo genau der Ursprung der **Tarotkarten*** anzusiedeln ist, existieren Annahmen, dass sie aus Ägypten stammen und Vorstufen des **Tarots*** bereits im Alten Ägypten vorherrschend waren. Angeblich wurde das gesammelte Wissen in Form von Bildern und Symbolen auf Spielkarten festgehalten, um es auf diesem Weg vor der Zerstörung zu schützen.
Für diese Theorie existieren allerdings keine wissenschaftlichen Beweise oder historischen Belege. Historiker und Kulturwissenschaftler gehen vielmehr davon aus, dass es sich hierbei um einen Mythos handelt.

Tarot im 14. Jahrhundert
Die ersten bezeugten Nachweise für Spielkarten im europäischen Raum stammen aus dem 14. Jahrhundert. Man geht davon aus, dass sie aus dem islamischen Raum nach Europa kamen. Die Karten erfreuten sich damals großer Beliebtheit und setzten schnell ihren Siegeszug durch ganz Europa fort. Lediglich der Kirche waren die Spielkarten ein Dorn im Auge. Sie empfand diese als lasterhaftes und unnötiges Vergnügen und versuchte deshalb, Spielkarten und Kartenspiele zu verbieten. Über Optik und Anzahl der Karten liegen bis heute allerdings keine Informationen vor.

Obgleich die Spielkarten bereits existierten, tauchte der Name „Tarot" in deren Zusammenhang noch nirgendwo auf. Man sprach stattdessen von „Taraux", „Tarocchi" oder „Trionfi". Insbesondere die Vokabel „Trionfi" war weit verbreitet. Von den Trionfi-Spielen ist bekannt, dass sie über 60 bebilderte Karten sowie ein Begleitbuch verfügten. Als Künstler dieser Karten gilt der italienische Maler Michelino da Besozzo. Bekannt ist zudem eine direkte Verbindung zwischen den Trionfi-Kartenspielen und dem Mailänder Herzog Filippo Maria Visconti. Es ist anzunehmen, dass besagter Visconti den Grundstein für das Aufkommen und die Verbreitung von Tarot (Trionfi) legte. Das erste mit dem heutigen Tarot vergleichbare Kartenspiel lässt sich auf das Jahr 1470 zurückdatieren.

Tarot im 18. Jahrhundert
Nach dem ersten Aufkommen wurde es etwas stiller um die Kartenspiele. Das 18. Jahrhundert kann jedoch als Blütezeit betrachtet werden. Während dieses Zeitfensters konnte sich auch die Bezeichnung „Tarot" etablieren. Waren besagte Kartenspiele zuvor noch ein lustiger Zeitvertreib, der bevorzugt von der einfachen Bevölkerung betrieben wurde, so erhielten sie ab dem 18. Jahrhundert einen esoterischen und spirituellen Touch. Viele Personen nahmen sie als Mittel zur Weissagung oder als Werkzeug einer spirituellen Betrachtungsweise wahr. Verwiesen sei hierbei explizit auf den Schweizer Theologen Antoine Court de Gébelin sowie den französischen Diakon Eliphas Lévi, welche die Motive der Karten mit der ägyptischen beziehungsweise der jüdischen Kultur in Verbindung brachten. Generell erhielten die Motive und Symbole der Karten in diesem Zeitraum mehr Bedeutung.

Tarot im 19. Jahrhundert

Im 19. Jahrhundert verhalfen in erster Linie Geheimgesellschaften und -bünde, wie die Freimaurer, der Templerorden oder die Rosenkreuzer, dem Tarot zu seiner Bedeutung und Verbreitung.

Tarot fand nun seinen Einzug in okkultistische, esoterische und spirituelle Kreise, die erheblich zu dessen Einfluss beitrugen. Insbesondere der „Hermetic Order of the Golden Dawn" setzte sich mit dem Tarot und der Deutungskraft der abgebildeten Symbole auseinander. Die Karten stellten für seine Mitglieder ein Mittel zur Erforschung der eigenen Erkenntnis dar.

Tarot im 20. Jahrhundert

Ab dem 20. Jahrhundert erlebte Tarot einen erneuten Boom und hielt auch wieder Einzug in die Bevölkerung. Während dieser Zeitspanne wurden zahlreiche neue **Tarotdecks*** und Interpretationsansätze entwickelt, welche die Verbreitung des Tarots maßgeblich förderten. Insbesondere das „Rider Waite Tarot" gewann immer mehr Zulauf.

Tarot heute

Ein Großteil der Bevölkerung in unserer heutigen Zeit hat schon einmal wegen gewisser Anliegen die Karten befragt. Die Gründe dafür sind von ganz unterschiedlicher Natur. Obgleich Tarot nach wie vor einen spirituellen und esoterischen Beigeschmack hat, greifen auch Menschen ohne spirituellen Hintergrund zu den Karten. Tarot kann einem mehr über sein Innerstes verraten oder Antworten im Hinblick auf Liebe, beruflichen Erfolg oder zwischenmenschliche Beziehungen liefern.

WARUM BESCHÄFTIGEN SICH MENSCHEN MIT TAROT?

Im folgenden Kapitel sehen wir uns genauer an, warum Tarot überhaupt so eine Faszination auf Menschen ausübt und sich immer mehr Interessierte finden.

Zugang zum Unterbewusstsein

Das, was wir sagen, wissen oder denken, ist nur ein Teil unserer Persönlichkeit. Aber wir können und wissen so viel mehr, was meistens vor uns verborgen ist. Ein jeder Mensch verfügt über ein sogenanntes Unterbewusstsein. Dort sind eine Vielzahl von Emotionen, Überlegungen, Bedürfnissen und Erlebnissen gespeichert, die sich unserem Verstand entziehen. Zu diesen möchten viele Menschen wieder vordringen. Fakt ist: Das gesamte Unterbewusstsein wird sich einem nicht offenbaren, aber mithilfe der Tarotkarten kann man zumindest ein paar Schritte auf sein Unterbewusstsein zugehen. Die Motive und Symbole der gelegten Karten appellieren an das menschliche Unterbewusstsein und lösen dort etwas aus. Sie stellen sozusagen eine Verbindung zu Emotionen, Gedanken oder Situationen her, die dort im Verborgenen lauern, und bringen diese wieder an die Oberfläche.

Für das Vordringen zum eigenen Unterbewusstsein benötigt es in erster Linie Kreativität und **Intuition***. Es ist wichtig, dass man bei der Betrachtung und Deutung der Tarotkarten auf sein Bauchgefühl hört. Nur so kann ein Zugang zum Unterbewusstsein hergestellt werden. Nicht umsonst bezeichnet man Tarotkarten auch als Spiegel des Unterbewusstseins.

Für diesen Prozess sollte man sich an einen ruhigen Ort zurückziehen und ein paar Minuten für sich nehmen. Je entspannter man an die Sache herangeht, desto eher werden einem die Karten einen Zugang zum Unterbewusstsein gewähren. Dabei ist es aber wichtig, sich nicht zu verkrampfen. Die Karten werden nicht immer zu einem sprechen.

Wunsch nach Hilfestellung

Häufig ist man in seinem Leben mit Fragen und Entscheidungen konfrontiert, die einem so einiges abverlangen. Man hat sprichwörtlich ein Brett vor dem Kopf und kommt einfach nicht weiter. Eine solche Zwickmühle ist ein weiterer Grund, warum manche Menschen zum Tarot greifen. Die **Kartenlegung*** sowie die auf den Karten abgebildeten Motive und Symbole können in ihrer Deutung eine Hilfestellung geben. Aus ebendiesem Grund werden die Tarotkarten gerne als Ratgeber oder Helfer in der Not wahrgenommen. Der aufgeführte Lösungsweg sollte allerdings nur als mögliche Option betrachtet werden. Die Interpretation sowie deren Umsetzung liegt wieder bei einem selbst. Diese Aufgabe kann einem selbst das beste Tarot nicht abnehmen.

Ruhe und Entspannung

Nicht immer wird Tarot nur bei schwerwiegenden Fragen oder kniffeligen Situationen zurate gezogen. Sehr häufig ist das Legen der Karten auch nur eine Möglichkeit, um nach einem stressigen Arbeitstag wieder etwas (innere) Ruhe und Entspannung einkehren zu lassen. Es ist der perfekte Ausgleich zum hektischen Alltag und kann die Energiereserven ganz neu aufladen.

Mittel zu mehr Selbsterkenntnis und Selbstreflexion

Ein weiterer Grund für das Legen der Karten besteht darin, dass man sich selbst besser kennenlernen und an sich arbeiten möchte. Tarot ist ein wunderbares Mittel zur **Selbstreflexion*** und Selbsterkenntnis. Es legt Stärken und Schwächen offen, spricht die unterschiedlichsten Aspekte des eigenen Selbst an und hilft dabei, falsche Verhaltensmuster zu erkennen und aufzulösen.

Intuition stärken

Die Menschen sollten manchmal mehr auf ihr Bauchgefühl hören und vertrauen. Aus diesem Grund ist es hilfreich, die eigene Intuition zu stärken und zu schulen. Hierfür stehen einem die unterschiedlichsten Mittel und Wege zur Verfügung. Einer davon ist Tarot. Bei der Deutung und Interpretation der jeweiligen Karten wird sehr viel Intuition verlangt.

Der Wunsch nach etwas Neuem

Manchmal steckt hinter der Hinwendung zum Tarot auch einfach der Reiz des Neuen und Unbekannten. Man möchte sich einem neuen Hobby zuwenden, neue Erfahrungen machen oder sich ganz neu erfinden. Auch hierfür kann Tarot eine wunderbare Möglichkeit sein.

KEIN RELIKT AUS ALTER ZEIT – WARUM TAROT AUCH HEUTE NOCH RELEVANT IST

Tarot ist kein Relikt aus alter, mystischer Zeit. Im Gegenteil! Das Legen der Karten ist heutzutage aktueller als jemals zuvor. Wer glaubt, dass Tarot nur auf Jahrmärkten oder als Gag auf Partys betrieben wird, der irrt gewaltig. Tarot ist in unserer heutigen Gesellschaft angekommen und in vielfältige Branchen vorgedrungen. Ein großer Teil der Bevölkerung beschäftigt sich in seiner Freizeit aktiv mit Tarot und befragt in regelmäßigen Abständen die Karten.

Tarot als wichtiger Aspekt der modernen Spiritualität

Spiritualität und Esoterik sind in der heutigen Zeit ein zentrales Thema. Der Markt boomt und die Tendenz ist steigend. Neben Yoga, Heilsteinen, Klangschalen, Räucherwerk oder Ratgebern hat auch die Nachfrage nach Tarotkarten extrem zugenommen. Die Karten dienen allerdings nicht dem Zweck, die Zukunft vorherzusagen, denn dazu sind sie, trotz des weit verbreiteten Klischees, nicht geeignet. Vielmehr werden Tarotkarten dazu genutzt, sich selbst und sein Innerstes besser zu verstehen und eine Verbindung dazu herzustellen. Das Ziel ist es, in ganz neue geistige Ebenen vorzudringen und das Bewusstsein zu erweitern. Darüber hinaus ist Tarot ein wirkungsvolles Mittel zur Verbesserung der Selbstreflexion und zur Stärkung der eigenen Intuition.

Tarot als Bestandteil der Medien

Tarot ist allgegenwärtig. Auch die Medien bedienen sich dieses Phänomens. In Film, Fernsehen und Literatur wird die Bevölkerung nahezu täglich mit Tarot konfrontiert. Zahlreiche Romane, Filme oder Serien integrieren Tarot-Readings in ihren Handlungsstrang und machen es so der breiten Masse zugänglich. Die Tatsache, dass Tarot dort als geheimnisvoll, mystisch und interessant dargestellt wird, animiert die Zuschauer und Leser dazu, sich selbst einmal daran zu versuchen. Ähnlich wie ihre medialen Vorbilder sehen sie im Tarot ein Werkzeug zur Erforschung von Geheimnissen und zum Aufbruch in eine unbekannte und zutiefst magische Welt.

Zusätzlich zur Präsenz von Tarot in fiktionalen Erzählungen nimmt auch die tatsächliche Beschäftigung mit Tarot in den Medien kontinuierlich zu. Verwiesen sei hierbei insbesondere auf Tarot-Readings im Fernsehen oder im Radio, Ratgeber über Erfahrungen mit Tarot, Handy-Apps zum besseren Verständnis und zur problemlosen Durchführung von Tarotlegungen sowie zahlreiche Internetseiten, die Tarotziehungen anbieten.

Tarot als Ratgeber und Hilfestellung
In unserer heutigen Welt aus Stress, Termindruck, Krisen und Katastrophen benötigen viele Menschen von Zeit zu Zeit Rat oder Hilfe bei Fragen, Anliegen und kleineren oder größeren Problemen des Alltags. Nicht immer ist ein Freund oder ein Familienmitglied greifbar, um bei Fragen Lösungsansätze zu bieten, zu beraten oder mögliche Wege aufzuzeigen. In Situationen wie diesen greifen viele Menschen zu den Tarotkarten. Die Interpretation der gelegten Karten kann Antworten auf Fragen liefern oder dabei helfen, die Dinge etwas klarer zu sehen. Insbesondere bei Fragen rund um die Themen Liebe, Glück oder Karriere vertraut man seine Anliegen gerne den Karten an.

Tarot als Hilfe für die persönliche Entwicklung
Der Mensch befindet sich permanent in einer Phase der Entwicklung. Insbesondere der innere und individuelle Entwicklungsprozess ist von zentraler Relevanz. Man möchte sein Innerstes erforschen, die eigenen Stärken und Schwächen ausfindig machen und sich sowie seine Verhaltensmuster analysieren und optimieren. Dafür stehen einem eine Vielzahl von Mitteln und Wegen zur Verfügung. Die Tarotkarten können hierbei gute Dienste leisten und die persönliche Entwicklung unterstützen. Tarot ist ein hervorragendes Mittel, um sich selbst zu erkunden, Fehler zu erkennen und seine persönliche Entwicklung voranzutreiben.

Tarot als Berufsfeld
Tarot ist mehr als nur ein Hobby. Es ist nicht nur ein amüsanter Zeitvertreib, den man heimlich, still und leise in seinem Kämmerlein oder mit den besten Freunden praktiziert. Die Popularität des Tarots nimmt kontinuierlich zu, und mit der zunehmenden Begeisterung wächst auch die Nachfrage nach professionellen

Kartenlegern*. Hier eröffnet sich ein neues Berufsfeld, denn immer mehr Menschen machen sich als professionelle Kartenleger selbstständig. Sie legen ihren Kunden die Karten, unterrichten ihr Handwerk oder schreiben Ratgeber. Das Geschäft boomt. Viele Personen holen sich bei ihren Fragen oder Anliegen lieber Rat bei einem professionellen Kartenleger, als sich alleine zu Hause die Karten zu legen.

WARUM SOLLTE MAN SICH MIT TAROT BESCHÄFTIGEN?

Besseres Verständnis der eigenen Person und des eigenen Verhaltens

Die Mehrheit der Anwender ist sich durchaus bewusst, dass Tarot und Tarotkarten nicht der Wahrsagerei dienen. Die Karten können die Zukunft nicht vorhersagen. Stattdessen können sie einem dabei helfen, sich selbst und sein Innerstes besser kennenzulernen. Man erforscht damit die „dunklen Flecken" des eigenen Bewusstseins und sucht nach den Ursachen für bestimmte individuelle Verhaltensweisen. Aus ebendiesem Grund ist Tarot ein sehr tiefgründiges Hobby und ein beliebtes Mittel zur Selbstreflexion.

Bessere Einblicke in bestimmte Situationen

Gerade in unserer Zeit der Geschwindigkeit, Technik und Moderne werden wir immer wieder mit Konflikten, Problemen oder Situationen konfrontiert, die wir uns nicht genau erklären können. Unabhängig davon, ob sie von privater oder beruflicher Natur sind, kann uns das Legen der Karten gute Dienste leisten. Durch Tarot können wir bestimmte situative Umstände besser verstehen und tiefere Einblicke gewinnen.

Förderung der Kreativität

Tarot ist ein sehr kreatives Hobby. Insbesondere bei der Deutung der Karten im Hinblick auf die zentrale Fragestellung sind kreative Köpfe gefragt. Neben der Schärfung des eigenen Vorstellungsvermögens trägt Tarot auch zur Stärkung der persönlichen Intuition bei. Bei der Legung und Deutung der Karten spielt das Bauchgefühl eine zentrale Rolle. Je mehr man darauf hört und vertraut, desto erfolgreicher ist die Legung.

Beitrag zur Entspannung
Unser Alltag ist geprägt von Stress und Termindruck. Um diesem Druck standzuhalten, muss man sich hin und wieder einen Moment der Ruhe und Entspannung gönnen. Das Legen der Tarotkarten kann eine solche Entspannungsmethode sein. Man kommt dabei innerlich zur Ruhe, kann das Gedankenkarussell abschalten, sich an seinen Wohlfühlort zurückziehen und, wenn gewünscht, die Legung sogar mit Meditationsübungen verbinden. Eine Tarotlegung kann dabei helfen, Stress zu minimieren, sorgt für positive Energien und lädt den Akku neu auf.

Ratgeber und Unterstützung
Man kann nicht alle Probleme der Welt alleine lösen. Hin und wieder braucht jeder etwas Hilfe, einen Ratschlag oder etwas Unterstützung. Nicht immer ist ein Freund oder Bekannter für einen Gedankenaustausch zur Stelle. Auch in einer solchen Situation können die Tarotkarten befragt werden. Sie können als hervorragende Ratgeber fungieren und bei vielen Fragen unterstützende Lösungsansätze liefern. Insbesondere bei Fragen zu Themenbereichen wie Liebe, Erfolg oder zwischenmenschliche Beziehungen werden regelmäßig die Tarotkarten zurate gezogen.

Hilfe bei Entscheidungen
In unserem Leben müssen wir regelmäßig Entscheidungen treffen. Diese können von beruflicher oder privater Natur sein und gravierende Folgen nach sich ziehen. Aus diesem Grund benötigt man für die weitere Vorgehensweise nicht selten eine Entscheidungshilfe. Auch hierfür können die Tarotkarten herangezogen werden. Das Ergebnis der Legung kann die Richtung für die Entscheidung bestimmen und eine Hilfestellung liefern.

TIPPS UND TRICKS FÜR TAROT-NEULINGE

Geeignetes Deck auswählen
Wer in die spannende Welt des Tarots eintauchen möchte, der benötigt hierfür zuerst einmal ein Tarotdeck. Obgleich ein alter Aberglaube besagt, dass man sein erstes Tarotdeck geschenkt bekommen muss, kann man hier gerne auch aktiv werden und sein Tarotdeck selbst auswählen und kaufen. Vom logischen Standpunkt aus gesehen ergibt dies auch wesentlich mehr Sinn, denn die Tarotkarten müssen in erster Linie einem selbst gefallen. Sie sollen einen direkt ansprechen und man sollte eine Verbindung zu ihnen aufbauen können. Ein Tarotdeck, das einem nicht gefällt oder das man nicht fühlt, kann die Tarotlesung negativ beeinträchtigen.

Die Auswahl des ersten Tarotdecks ist aber nicht so einfach wie zuerst angenommen. Es existieren unzählige unterschiedliche Decks mit den verschiedensten Designs. Die Mehrheit der Tarotkarten für Anfänger ist dem klassischen **Rider Waite Tarot*** nachempfunden. Die Gründe hierfür liegen klar auf der Hand: Die Decks sind verhältnismäßig einfach aufgebaut, garantieren einen problemlosen Einstieg und liefern reichlich Hintergrundinformationen für die Interpretation der Karten.

Am Ende sollte man beim Kauf aber immer der eigenen Intuition folgen. Wie gefallen einem die Karten? Welchen Stil bevorzugt man? Wie sind die Symbole dargestellt? Welche Emotionen lösen die Karten in einem aus? Wie liegen sie in der Hand? Wie ist die qualitative Verarbeitung? Erst wenn alle Wünsche und Ansprüche an das erste Tarotdeck erfüllt sind, hat man die geeigneten Karten für sich gefunden. Das passende Tarotdeck macht den Einstieg in das neue Hobby um ein Vielfaches einfacher.

Karten energetisch reinigen
Wenn man das Tarotdeck seiner Träume dann endlich in den Händen hält, kann man es vor dem ersten Gebrauch energetisch reinigen und ihm auf diese Art und Weise einen individuellen Touch verleihen. Viele Tarot-Anwender unterziehen ihre Kartendecks vor dem ersten Einsatz einer energetischen Reinigung. Diese Herangehensweise soll fremde Energien aus dem Deck ziehen und es vor

negativen Einflüssen schützen. Es ist ratsam, sein Tarotdeck auch später in regelmäßigen Abständen zu reinigen. Wenn man es bereits sehr lange benutzt hat, es sich nicht mehr richtig anfühlt oder eine wichtige Legung ansteht, kann man das Tarotdeck energetisch reinigen und somit neu aufladen.
Bezüglich der **energetischen Reinigung*** stehen einem unterschiedliche Mittel und Wege zur Verfügung. So kann man sein Tarotdeck zum Beispiel einem Bad im Vollmond aussetzen oder die Karten räuchern und durch eine Mischung aus Weihrauch oder Salbei ziehen. Möglich ist auch, sie durch Bergkristalle energetisch aufzuladen oder mit Klangschalen oder Glocken zu beschallen.

Kontakt zu den Karten aufnehmen

Die Tarotkarten werden einen im Idealfall eine ganze Weile begleiten und bei den unterschiedlichsten Fragen und Anliegen zum Einsatz kommen. Es ist also von Vorteil, eine gewisse Bindung zu den Tarotkarten herzustellen. Da schon der erste Kontakt viel bewirken kann, ist es ratsam, vor dem ersten Einsatz eine Verbindung mit den Karten herzustellen. Das kann gern etwas mehr Zeit in Anspruch nehmen.
Diese erste Kontaktaufnahme kann wie ein Ritual gestaltet werden. So kann man sich dafür zum Beispiel an einen ruhigen Ort zurückziehen, störende Nebengeräusche ausschalten, sanfte Musik auflegen, Räucherwerk entzünden oder ein paar Kerzen aufstellen. Wichtig ist, eine angenehme Atmosphäre zu schaffen und sich genügend Zeit für sich und die Tarotkarten zu nehmen.
Im Anschluss daran kann man jede Karte genau betrachten, auf jedes Detail achten und seine ersten Eindrücke und Emotionen im Hinblick auf diese Karte näher durchleuchten. Wenn gewünscht, kann man diese ersten Impressionen und Gefühlsregungen auch in einem **Tarot-Tagebuch*** oder **Tarot-Journal*** festhalten.

Tarot-Tagebuch anschaffen

Sollte man noch kein Tarot-Tagebuch haben, ist es empfehlenswert, sich bereits vor der ersten Sitzung eines anzuschaffen. Insbesondere Anfänger profitieren davon, ihre ersten Gefühle und Empfindungen im Hinblick auf Tarot und Tarotkarten in einem Tagebuch festzuhalten. Ein Tarot-Tagebuch weist deutliche

Parallelen zu einem regulären Tagebuch auf, denn es handelt sich um ein Buch oder Heft, in welchem man all seine Erlebnisse und Stationen auf der Tarot-Reise festhalten kann. Es ist ein persönliches Nachschlagewerk, das sich immer wieder durchblättern und zurate ziehen lässt.

Ähnlich wie in einem regulären Tagebuch kann auch in einem Tarot-Tagebuch alles notiert werden, was einem durch den Kopf geht. Das können Gefühle, Impressionen oder Interpretationen sein. Sehr häufig befinden sich in diesen Tarot-Tagebüchern kurze Notizen über die gelegten Karten, deren persönliche Interpretation sowie den Ausgang der durchgeführten Legung.

Es ist ratsam, die Gefühle und Gedanken direkt nach der Tarotlegung niederzuschreiben. Dann sind sie noch frisch und vollständig. Je länger man sich Zeit lässt, desto mehr Details können verblassen oder in Vergessenheit geraten.

Sich Zeit lassen

Auch wenn man den ersten Einsatz der neuen Karten kaum abwarten kann, sollte man nicht übereilt vorgehen. Gerade für die erste Legung ist es wichtig, sich Zeit zu lassen und nichts zu überstürzen. Zuerst sollte man sich mit den Karten und den verschiedenen **Legesystemen***, die auch als **Tarot-Spreads*** bezeichnet werden können, vertraut machen. Dies kann etwas Zeit in Anspruch nehmen. Darüber hinaus sollte auch der Moment der ersten Legung wohl überlegt sein. Das Ziel ist es, sich in einem Zustand der absoluten Ruhe und Stille zu befinden und mit der nötigen Offenheit, Gelassenheit und Konzentration an die neue Situation heranzugehen. Je mehr Zeit man in die Vorbereitung investiert, desto erfolgreicher wird der Ausgang der ersten Tarotsitzung.

Mit einfachen Übungen und Legungen beginnen

Es ist noch kein Tarot-Meister vom Himmel gefallen. Für den Einstieg ist es hilfreich, einfache Übungen und Legesysteme zu wählen. Sobald diese dann in Fleisch und Blut übergegangen sind und in den Alltag integriert wurden, kann man die Komplexität der Legungen vorsichtig steigern.

Für den Einstieg empfiehlt sich eine simple Dreierlegung oder das Ziehen einer einzelnen Tageskarte. Im letztgenannten Beispiel kann die Karte dann auf eine einfache aktuelle Fragestellung hin interpretiert werden:

- Wie wird mein Tag verlaufen?
- Welche Emotionen werde ich heute nach außen transportieren?
- Was sollte ich heute angehen oder meiden?

Ruhigen und entspannten Ort finden
Eine erfolgreiche Tarotlegung steht und fällt mit der Räumlichkeit. Diese ist bereits im Vorfeld mit Bedacht zu wählen. Es sollte in erster Linie ein Raum sein, in dem man sich wohlfühlt, entspannen kann und zur Ruhe kommt. Das Wohnzimmer ist hierfür oft wunderbar geeignet. Darüber hinaus ist es von Vorteil, wenn in diesem Raum Fenster oder Türen nach draußen sind. Das wirkt einladend und sorgt für positive Energien. Es sollte auf jeden Fall ein Ort sein, an dem man sich sehr gerne aufhält und an dem nicht zu viel Chaos und Ablenkung herrscht.

Wohlfühlort einrichten
Nachdem man sich für einen Wohlfühlort entschieden hat, kann dieser auch entsprechend eingerichtet werden. Auf jeden Fall sollte dort eine gemütliche und heimelige Atmosphäre herrschen. Decken, Kissen oder persönliche Gegenstände können sich förderlich auf eine Tarotlegung an diesem Ort auswirken. Chaos sollte in diesem Raum vermieden werden, denn Chaos im Raum kann zu Chaos im Kopf führen und den Anwender ablenken. Es ist also ratsam, die Räumlichkeit zuerst etwas aufzuräumen und zu putzen. Das sorgt für positive Energien und kann die Tarotlegung unterstützen.
Wenn möglich, sollte sich ein kleiner Couch- oder Nachttisch im Raum befinden, auf dem die Tarotkarten ausgelegt werden können. Alternativ kann man für die Legung auch den Boden verwenden.

Karten gut behandeln
Die Tarotkarten sind das A und O beim Tarot. Sie sollten immer griffbereit und von bester Qualität sein. Es ist daher sehr wichtig, seine Tarotkarten immer pfleglich und gut zu behandeln. Ansonsten wird man nur kurz und wenig Spaß mit seinem Kartendeck haben. Bei beschädigten Karten ist das Deck unverzüglich auszutauschen. Eine Legung mit kaputten Karten könnte deren Ausgang verfälschen und sich negativ auswirken.

Nicht nur bei der Legung, auch bei der Aufbewahrung der Karten sind Vorsicht und Sorgfalt ein zentrales Thema. Experten raten dazu, die Karten zwischen den Legungen in sogenannten **Tarot-Kartenboxen*** aufzubewahren.

Sich für ein Legesystem entscheiden
Im Hinblick auf das Legesystem hat man beim Tarot die Qual der Wahl. Es existieren zahlreiche Legesysteme, welche sich allesamt in ihrer Zielrichtung sowie ihrem Schwierigkeitsgrad unterscheiden. Wichtig ist, sich bereits im Vorfeld auf ein Legesystem festzulegen, das für die Intention geeignet ist. Einsteiger in die vielfältige Welt des Tarots sollten mit der Ziehung von Tageskarten oder mit Dreierlegungen beginnen.

Klare und präzise Frage formulieren
Wer Tarotkarten legt, der möchte meist eine Frage beantwortet bekommen. Diese Frage markiert also den Auftakt einer Tarotsitzung. Auch hierbei kann man allerdings viel falsch machen. Die Frage sollte gut überlegt und so klar und präzise wie möglich formuliert sein. Je kürzer und eindeutiger die Fragestellung, desto spezifischer und akkurater die Antwort. Auch bei der Formulierung der Fragen gilt es, nichts zu überstürzen und lieber etwas mehr Zeit zu investieren. Auf Ja-Nein-Fragen sollte verzichtet werden. Viel effektiver ist es, eine offene Frage zu stellen. Durch diese Herangehensweise können ganz unterschiedliche Facetten des Themenschwerpunktes betrachtet und analysiert werden.

In sich gehen
Beim Tarot ist es wichtig, in sich zu gehen und sich voll auf sich selbst und sein Innerstes zu konzentrieren. Eine kurze Meditationsübung kann hierbei gute Dienste leisten. Man schließt die Augen, achtet auf die eigene Atmung und konzentriert sich erneut auf seine Frage. Diese kann man dann vor seinem inneren Auge entstehen lassen.
Nach diesem kurzen Moment der Einkehr können die Karten gemischt und entsprechend dem Tarot-Spread gelegt werden.

Karten interpretieren

Die Deutung der Karten ist das Herzstück einer jeden Tarotlegung. Hierbei wird jede Tarotkarte genau betrachtet, analysiert und auf die jeweilige Fragestellung hin interpretiert. Dabei ist es ratsam, auf jedes Detail zu achten und es in die Interpretation einfließen zu lassen. Wichtig zu wissen ist, dass kaum eine Karte für sich allein stehen kann. Alle gelegten Tarotkarten sind miteinander verbunden und sollten als „großes Ganzes" gedeutet werden.

Der eigenen Intuition vertrauen

Häufig existieren für die jeweiligen Tarotkarten schon bestimmte Deutungen. Diese sind allerdings nicht in Stein gemeißelt und sollten nicht starr angewandt werden. Viel wichtiger ist es, hierbei auf die eigene Intuition zu hören und dieser zu vertrauen. Entscheidend ist, welche Gefühle, Gedanken und Emotionen die Karte im ersten Moment in einem hervorruft. Durch diese Art und Weise bekommt die Karte eine individuelle Deutung und kann viel persönlicher auf die Absicht hin gelesen werden.

Botschaft der Karten festhalten

Die Botschaft der Karten ist von zentraler Bedeutung und sollte nicht verloren gehen. Nach der eigentlichen Legung sollte man also noch einmal kurz in sich gehen und die Botschaft der Karten Revue passieren lassen. Es empfiehlt sich, dies in einem Tarot-Tagebuch festzuhalten. Darin können auch alle mit der Legung verbundenen Gefühle und Gedanken niedergeschrieben werden.

Nicht entmutigen lassen

Selten gelingt eine Tarotlegung beim ersten Mal. Es bedarf sehr viel Übung und Kenntnis über die Materie. Aus ebendiesem Grund sollte man sich von „Startschwierigkeiten" nicht entmutigen lassen und es immer wieder mit neuem Elan versuchen. Die Versuche sollten aber nicht zu krampfhaft sein. Je lockerer und ruhiger man an die Sache herangeht, desto besser wird es gelingen.

ALLES, WAS EIN TAROT-MEISTER WISSEN MUSS
Einblick in die wichtigsten Grundlagen

Die ersten Schritte sind gemacht. Nachdem man sich etwas Hintergrundwissen angeeignet hat, wird es Zeit, die Kartendecks sowie die jeweiligen Tarotkarten einmal etwas genauer zu betrachten und kennenzulernen. Das folgende Kapitel gibt einen kleinen, aber feinen Einblick in die Geheimnisse der Tarotkarten.

MAJOR ARCANA UND MINOR ARCANA

Major Arcana

Die **Major Arcana***, die auch als **Große Arkana*** betitelt werden kann, ist nahezu jedem Freund des Tarots ein Begriff. Dieses Deck beinhaltet die sogenannten **Trumpfkarten***. Das Major-Arcana-Deck umfasst 22 Trumpfkarten, welche die Basis eines jeden Tarotdecks bilden und in ihrer Gesamtheit eine sogenannte Heldenreise abbilden. Hierbei handelt es sich um die ersten 22 Karten im Tarot.

Die Vokabel „Arcana", beziehungsweise „Arkana", lässt sich am besten mit „Geheimnis" übersetzen. Hieraus folgernd stehen die Tarotkarten der Major und der **Minor Arcana*** für die großen und kleinen Geheimnisse unseres Daseins. Wer sich der hohen Kunst des Tarots widmen möchte, der benötigt dafür 78 Karten, von denen 22 die soeben erwähnten Trumpfkarten der Großen Arkana sind. Die restlichen Karten bilden die Minor Arcana oder auch **Kleine Arkana***. Der Unterschied zwischen der Major und der Minor Arcana besteht darin, dass den Trumpfkarten im Tarot eine höhere Funktion und ein stärkerer

Bedeutungsgrad zugerechnet wird. Sie bilden den Fokus, während die Karten der Minor Arcana eher den untergeordneten Ereignissen zugeordnet werden. Eine jede Karte der Großen Arkana zeigt ein anderes Symbol und repräsentiert einen anderen Aspekt des menschlichen Daseins. Sie alle können den Anwendern wichtige Hinweise auf die aktuelle Situation geben und auf diese hin interpretiert werden.

Jede Trumpfkarte der Major Arcana hat einen eigenen Charakter und eine spezielle Bedeutung. Die Interpretation gibt an, wie sich die Situation entwickelt und in welche Richtung die weitere Reise geht. Seit dem 16. Jahrhundert sind die Trumpfkarten nicht nur bebildert, sondern auch nummeriert. Lediglich auf der Karte des Narren ist, je nach Edition, keine Nummer oder eine 0 zu sehen.

Die 22 Trumpfkarten der Major Arcana im Überblick:

0 – Der Narr
1 – Der Magier
2 – Die Hohepriesterin
3 – Die Herrscherin
4 – Der Herrscher
5 – Der Hierophant
6 – Die Liebenden
7 – Der Wagen
8 – Die Gerechtigkeit
9 – Der Eremit
10 – Das Rad des Schicksals

11 – Die Kraft
12 – Der Gehängte
13 – Der Tod
14 – Die Mäßigkeit
15 – Der Teufel
16 – Der Turm
17 – Der Stern
18 – Der Mond
19 – Die Sonne
20 – Das Gericht
21 – Die Welt

Minor Arcana

Neben den 22 Trumpfkarten existieren im Tarot noch die 56 Karten der Kleinen Arkana. Diese können auch als **Farbkarten*** bezeichnet werden und weisen deutliche Parallelen zu einem Skat- oder Romméblatt auf. Die Karten der Minor Arcana sind noch einmal untergliedert. Sie setzen sich aus 4 mal 14 Karten zusammen, die in Stäbe, Kelche, Münzen und Schwerter aufgeteilt werden können. Man spricht hierbei von den 4 unterschiedlichen Farbkarten. Zu diesen Farbkarten gehören wiederum 10 **Zahlenkarten*** sowie 4 **Hofkarten***. Letztere stehen dabei für

König, Königin, Ritter und Bube. Die Zahlenkarten hingegen bilden die Zahlen 1 bis 10 ab, wobei die 1 identisch mit dem Ass ist.

Bei der Minor Arcana können, im Gegensatz zur Major Arcana, die Karten nicht für sich selbst stehen. Sie werden anhand ihrer Zeichen (Kelche, Münzen, Schwerter, Stäbe) interpretiert und auf die jeweilige Situation angewandt. Auch werden sie eher bei kleineren Problemen und Belangen zurate gezogen. Da sie in ihrer Bedeutungs- und Aussagekraft hinter den Trumpfkarten der Großen Arkana zurückliegen, können sie bei einigen Legungen auch weggelassen werden.

Die Tarotkarten der Kleinen Arkana

Die 14 Karten der Kelche:

- Bube der Kelche
- Ritter der Kelche
- Königin der Kelche
- König der Kelche
- Ass der Kelche
- Zwei der Kelche
- Drei der Kelche
- Vier der Kelche
- Fünf der Kelche
- Sechs der Kelche
- Sieben der Kelche
- Acht der Kelche
- Neun der Kelche
- Zehn der Kelche

Die Kelche repräsentieren die Gefühle sowie die zwischenmenschlichen Beziehungen. In einem regulären Kartendeck wären sie durch die Farbe „Herz" gekennzeichnet.

Die 14 Karten der Stäbe:

- Bube der Stäbe
- Ritter der Stäbe
- Königin der Stäbe
- König der Stäbe
- Ass der Stäbe
- Zwei der Stäbe
- Drei der Stäbe
- Vier der Stäbe
- Fünf der Stäbe
- Sechs der Stäbe
- Sieben der Stäbe
- Acht der Stäbe
- Neun der Stäbe
- Zehn der Stäbe

Die Stäbe repräsentieren Durchsetzungsvermögen, Erfolg und Kreativität. Sie entsprechen der Farbe „Kreuz".

Die 14 Karten der Schwerter:

- Bube der Schwerter
- Ritter der Schwerter
- Königin der Schwerter
- König der Schwerter
- Ass der Schwerter
- Zwei der Schwerter
- Drei der Schwerter
- Vier der Schwerter
- Fünf der Schwerter
- Sechs der Schwerter
- Sieben der Schwerter
- Acht der Schwerter
- Neun der Schwerter
- Zehn der Schwerter

Die Schwerter stehen für alles, was mit Denken und Verstand zu tun hat. Sie entsprechen der Farbe „Pik".

Die 14 Karten der Münzen:

- Bube der Münzen
- Ritter der Münzen
- Königin der Münzen
- König der Münzen
- Ass der Münzen
- Zwei der Münzen
- Drei der Münzen
- Vier der Münzen
- Fünf der Münzen
- Sechs der Münzen
- Sieben der Münzen
- Acht der Münzen
- Neun der Münzen
- Zehn der Münzen

Die Münzen repräsentieren Geld und Reichtum. Sie entsprechen der Farbe „Karo".

WAS HABEN WIR DENN DA? – DIE WICHTIGSTEN TAROTKARTEN UND IHRE BEDEUTUNG

Im folgenden Kapitel sehen wir uns die einzelnen Tarotkarten im Detail an und klären im gleichen Atemzug ihre möglichen Bedeutungen.

Die Bilder und Symbole der Major Arcana und ihre Bedeutung

Der Narr
Auf der Tarotkarte „Der Narr" ist ein junger Mann abgebildet, der fröhlich und beschwingt durch die Welt zieht. Die Karte symbolisiert den Beginn einer Reise, steht für Sorglosigkeit, Unbekümmertheit, jugendliche Neugier und Leichtigkeit. Der Narr kann allerdings auch in einem negativen Kontext interpretiert werden. Wenn die Karte auf dem Kopf liegend aufgedeckt wird, steht der Narr für Leichtsinn, Naivität und Übermut.

Der Magier
Die Karte „Der Magier" steht für Erfolg, Manifestation, Willenskraft, Selbsterkenntnis, Wissen und Kreativität.

Die Hohepriesterin
Das Symbol der Hohepriesterin steht für Weiblichkeit, Intuition und Weisheit.

Die Herrscherin
Die Herrscherin ist eine weitere weiblich geprägte Karte. Sie steht für Weiblichkeit, Fruchtbarkeit, Natur und die Mutterfigur.

Der Herrscher
Das Pendant zur Herrscherin ist die Tarotkarte „Der Herrscher". Diese Karte symbolisiert Männlichkeit, Autorität, Struktur, Macht, Kontrolle und eine Vaterfigur. Wenn sie gemeinsam mit anderen Karten auftritt, kann „Der Herrscher" auch für eine Respektsperson stehen.

Der Hierophant
Der Hierophant steht für Spiritualität, den göttlichen Willen, Tradition und Lehren.

Die Liebenden
Die Bedeutung der Tarotkarte „Die Liebenden" ist selbsterklärend. Sie steht

symbolisch für die Liebe, Zuneigung und zwischenmenschliche Beziehungen aller Art.

Der Wagen
Für die Karte „Der Wagen" gibt es verschiedene Interpretationsmöglichkeiten. Das Symbol kann als Triumphwagen oder als Sinnbild für Wandel, Weiterentwicklung und Reise gelesen werden.

Die Gerechtigkeit
Die Tarotkarte „Die Gerechtigkeit" bedeutet genau das. Sie steht für Gerechtigkeit und Karma.

Der Eremit
Der Eremit symbolisiert Einsamkeit und Rückzug. Die Gründe für den Rückzug können dabei von mannigfaltiger Natur sein. Die Karte kann als die Suche nach Wahrheit, eine innere Entwicklung oder der Wunsch nach innerer Einkehr gelesen werden.

Das Rad des Schicksals
Die Karte „Das Rad des Schicksals" steht für den Kreis des Lebens, Zyklen oder aber auch Wandel und Veränderungen.

Die Kraft
Die Karte „Die Kraft" kann als Zeichen für Stärke, Energie und Mut gelesen werden.

Auch diese Tarotkarte kann für etwas Negatives stehen. Liegt sie auf dem Kopf, verkörpert sie fehlende Kraft, mangelnde Energie und Selbstzweifel.

Der Gehängte
Vor der Tarotkarte „Der Gehängte" haben die meisten Anwender große Angst. Die Karte wird auf den ersten Blick sofort mit etwas Negativem in Verbindung gebracht. Das muss aber nicht zwangsläufig so sein. Der Gehängte kann auch

für Loslassen, Pause und Umkehr stehen. Die Karte repräsentiert einen Einschnitt sowie einen Wandel – dieser muss allerdings nicht negativ sein.

Der Tod
Eine weitere Tarotkarte, vor der sich viele Anhänger fürchten, ist „Der Tod". Zu schnell sieht man darin einen Vorboten für ein drohendes Unheil. Die Karte steht allerdings eher für ein Ende, einen Wandel oder Übergang sowie einen Neubeginn.

Die Mäßigkeit
Die Karte „Die Mäßigkeit" ist ein deutlicher Aufruf, kurz innezuhalten und die Dinge einfach mal etwas ruhiger und entspannter anzugehen. Sie steht für Balance, Geduld und Harmonie.

Der Teufel
Wenn die Tarotkarte „Der Teufel" ins Spiel kommt, sollte man dies als Warnung sehen. Sie kann auf Abhängigkeiten, Eifersucht oder Verführungen hinweisen und sollte zum Anlass genommen werden, sich und seine zwischenmenschlichen Bindungen und Beziehungen etwas genauer unter die Lupe zu nehmen.

Der Turm
Der Turm kündigt Veränderungen an. Diese können, je nach Interpretation, Chaos, Rückzug, Erlösung oder Erwachen bedeuten.

Der Stern
Die Karte „Der Stern" ist im Tarot sehr beliebt. Sie steht für Inspiration, Erfüllung und Glück. Der Stern verkörpert Hoffnung und Zuversicht.

Der Mond
Die Tarotkarte „Der Mond" repräsentiert alles Geheime, Verborgene, Unbewusste und Unterdrückte. Sie ruft den Anwender dazu auf, sich mit dem eigenen Seelenleben, seinen Gedanken und Gefühlen näher auseinanderzusetzen.

Die Sonne
„Die Sonne" ist im Tarot eine absolute Glückskarte. Sie bedeutet Glück, Lebensfreude und Erfolg.

Das Gericht
Die Karte „Das Gericht" fordert einen dazu auf, die Dinge genau abzuwägen und ein Urteil oder eine Entscheidung zu fällen.

Die Welt
Auch die Tarotkarte „Die Welt" ist eine sehr positiv behaftete Karte. Sie steht für den erfolgreichen Abschluss eines Lebensabschnitts, eine Vollendung sowie den Beginn von etwas Neuem.

Die Bilder und Symbole der Minor Arcana und ihre Bedeutung

Stäbe
Die Karten der Stäbe repräsentieren das Element Feuer. Sie stehen somit für Leidenschaft, Motivation und Dominanz.
- Ass der Stäbe   Erfolg, Inspiration, Kreativität, Energie
- Zwei der Stäbe   Zukunft, Fortschritt, Durchhaltevermögen
- Drei der Stäbe   Zukunft, Erfolg, Zuversicht
- Vier der Stäbe   Feier, Friede, Harmonie
- Fünf der Stäbe   Streit, Konflikt, Spannung, Wettbewerb
- Sechs der Stäbe   Sieg, Ruhm, Erfolg, Fortschritt
- Sieben der Stäbe   Herausforderungen, Durchhaltevermögen, Konkurrenz, Standhaftigkeit
- Acht der Stäbe   Veränderung, Bewegung, Neue Zielrichtung
- Neun der Stäbe   Ausdauer, Stärke, Durchhaltevermögen
- Zehn der Stäbe   Belastungen, Anstrengungen, Verantwortung
- Bube der Stäbe   Abenteuerlust, Übermut, Kreativität, Enthusiasmus, Neuanfang

- Ritter der Stäbe   Abenteuerlust, Impulsivität, Leidenschaft, Energie, Mut, Entschlossenheit
- Königin der Stäbe   Weiblichkeit, Leidenschaft, Selbstbewusstsein, Unabhängigkeit
- König der Stäbe   Führung, Macht, Dominanz

Schwerter

Die Karten der Schwerter werden dem Element Luft zugerechnet. Sie stehen für Wissen, Intellekt und Vernunft.

- Ass der Schwerter   Klarheit, Wahrheit, Weisheit
- Zwei der Schwerter   Stillstand, Abwägung, Entscheidungsunfähigkeit
- Drei der Schwerter   Liebeskummer, Herzschmerz, Kummer, Leid
- Vier der Schwerter   Stillstand, Ruhe, Erholung
- Fünf der Schwerter   Verrat, Hinterhalt, Konflikt, Niederlage
- Sechs der Schwerter   Ungewisse Zukunft, Reise, Veränderung
- Sieben der Schwerter   Sabotage, Manipulation, Täuschung
- Acht der Schwerter   Eingeengtheit, Einschränkung, Gefangenschaft, Selbstzweifel
- Neun der Schwerter   Ängste, Sorgen, Schuld
- Zehn der Schwerter   Ende, Verlust, Schmerz
- Bube der Schwerter   Neugier, Herausforderungen, Ehrgeiz
- Ritter der Schwerter   Ehrgeiz, Erfolg, Aktivität, Impulsivität
- Königin der Schwerter   Intelligenz, Unabhängigkeit, Klarheit
- König der Schwerter   Klarheit, Autorität, Durchsetzungsfähigkeit, Dominanz

Kelche

Die Karten der Kelche stehen für das Element Wasser. Sie verkörpern Emotionen, Intuition und Instinkt.

- Ass der Kelche   Liebe, Verbundenheit, Leidenschaft, Intimität
- Zwei der Kelche   Partnerschaft, Liebe, Beziehung, Freundschaft
- Drei der Kelche   Freundschaft, Gemeinsamkeit, Feierlichkeit
- Vier der Kelche   Unzufriedenheit, Ignoranz, Apathie

- Fünf der Kelche   Melancholie, Verlust, Trauer, Schmerz
- Sechs der Kelche   Nostalgie, Unschuld, Kindheit
- Sieben der Kelche   Optionen, Entscheidung, Träume, Wünsche
- Acht der Kelche   Reise, Suche, Veränderung, Loslassen
- Neun der Kelche   Zufriedenheit, Erfüllung, Glück
- Zehn der Kelche   Glück, Zufriedenheit, Harmonie
- Bube der Kelche   Neugier, Unerfahrenheit, Kreativität
- Ritter der Kelche   Romantik, Höflichkeit, Ritterlichkeit
- Königin der Kelche   Sanftheit, Weiblichkeit, Mitgefühl, Fürsorge, Barmherzigkeit
- König der Kelche   Stabilität, Weisheit, Diplomatie

Münzen

Die Tarotkarten der Münzen repräsentieren das Element Erde. Sie stehen für Sicherheit und Loyalität.

- Ass der Münzen   Wohlstand, finanzieller Erfolg, Materialismus, Reichtum
- Zwei der Münzen   Balance, Flexibilität, Priorität
- Drei der Münzen   Leistung, Lernen, Teamarbeit, Kompetenz
- Vier der Münzen   Sicherheit, Kontrolle, Stabilität
- Fünf der Münzen   Sorge, Angst, Armut
- Sechs der Münzen   Großzügigkeit, Wohltätigkeit, Hilfsbereitschaft
- Sieben der Münzen   Durchhaltevermögen, Geduld, Lohn für die Mühen
- Acht der Münzen   Fleiß, Eifer, Ehrgeiz
- Neun der Münzen   Luxus, Wohlstand, Unabhängigkeit
- Zehn der Münzen   Wohlstand, Sicherheit, Familienglück
- Bube der Münzen   Neugierde, Wissensdurst, neue Ziele
- Ritter der Münzen   Geduld, Sorgfalt, Fleiß, Beharrlichkeit, Vernunft
- Königin der Münzen   Fürsorge, Verlässlichkeit, Gutmütigkeit
- König der Münzen   Erfolg, Sicherheit, Disziplin, Führung

NUMEROLOGIE BEI TAROTKARTEN

Zahlen und Nummern spielen in vielen Bereichen eine zentrale Rolle. Das Phänomen der **Numerologie*** kann auf eine lange Geschichte zurückblicken. Die Anfänge reichen zurück bis in die alten Hochkulturen und das antike Griechenland, wo Zahlen und Ziffern bereits einen gesonderten Stellenwert aufwiesen. Sie waren mehr als nur Nummern – sie hatten eine Bedeutung.

Auch heute stößt man in vielfältigen Bereichen auf Formen der Numerologie, beispielsweise in der Religion, der Architektur oder der Kunst. Auch die Tarotkarten sind einer Numerologie unterworfen, denn den abgebildeten Zahlen wird eine spezielle Bedeutung zugeschrieben.

Tarotdecks sind nicht einheitlich. Es gibt unterschiedliche Decks, Editionen und Systeme, die sich allesamt voneinander differenzieren und abgrenzen. Die Zahlen und Nummern sind allerdings auf allen Tarotkarten existent. Sie sind ein wiederkehrendes Charakteristikum, welches sich in allen Decks widerspiegelt. Die Zahlen sind einer Nummerierung und Numerologie unterworfen. Sie sind ein wesentlicher Bestandteil und tragen entscheidend zur Interpretation der Karten bei. Insbesondere bei der Major Arcana fällt die bewusst gewählte Nummerierung der Karten auf. Sie stellt Verbindungen zwischen den Karten her und gliedert sie und ihre Interpretation in gewisse Phasen und Etappen ein. Auch die Nummern selbst können bei der Interpretation der Tarotkarten eine wesentliche Rolle spielen.

Bei den Zahlenkarten der Minor Arcana ist ebenfalls ein System zu erkennen. Die Systeme und Deutungsmuster der Tarotkarten sind ziemlich kompliziert. Auch kann sich die Numerologie von System zu System unterscheiden.

Die Bedeutung der Ziffern in der Major Arcana

0

Die Karte „Der Narr" trägt die Ziffer 0. Sie symbolisiert den Anfang und den Beginn der Reise. Der Narr ist die wichtigste Trumpfkarte im Deck der Großen Arkana.

Die Zahl 0 steht repräsentativ für das Neue, das Jugendliche, das Naive sowie das Unbekümmerte. Der Narr wird als junger Mann dargestellt, der beschwingt und unbekümmert in ein neues Abenteuer aufbricht. Er entdeckt die Welt und lernt während seiner Reise sich selbst und seine Fähigkeiten kennen. Das Tarot selbst kann somit als Heldenreise des Narren interpretiert werden.

I
Die Zahl 1 hat einen besonderen Stellenwert. Sie steht symbolisch für den Anfang und den Neubeginn. In der Numerologie wird die 1 als Zahl Gottes angesehen. Auch im Tarot ist die Ziffer 1 von immenser Bedeutung und wird der Karte „Der Magier" zugerechnet. Laut Interpretation ist der Magier sehr mächtig und aktiv. Er ist die erste Figur, welcher der Narr auf seiner Reise begegnet. Der Magier treibt den Narren an und kann als einer seiner Lehrer auf dem Weg aufgefasst werden.

II
Der Zahl 2 können verschiedene Deutungsmuster zugeschrieben werden. So kann die Ziffer unter anderem für zwei Gegensätze oder Widersprüche stehen, die zusammen die beiden Teile eines Ganzen bilden.
Alternativ dazu kann die 2 auch für Weiblichkeit stehen. Im Tarot gehört die Nummer 2 der Karte „Die Hohepriesterin". Sie ist eine zutiefst weibliche Karte und repräsentiert die Kraft der Weiblichkeit sowie die Intuition. Auch die Hohepriesterin kann als Lehrerin des Narren aufgefasst werden.

III–IV
Die Ziffern 3 und 4 können, gemäß ihrer Interpretation in der Numerologie, gemeinsam auftreten, da sie gewisse Parallelen aufweisen. So stehen sie zum Beispiel beide symbolisch für das Glück und haben einen zentralen Stellenwert unter den Nummern. Verwiesen sei hierbei explizit auf die Dreifaltigkeit oder die vier Jahreszeiten.
Auch im Hinblick auf die Tarotkarten können die 3 und die 4 zusammengefasst werden. Sie gehören zu den Karten „Die Herrscherin" (3) und „Der Herrscher" (4). In einigen Interpretationsansätzen geht man davon aus, dass die Herrscherin

und der Herrscher als Elternfiguren für den Narr auftreten. Im Gegensatz zum Magier und der Hohepriesterin sind sie eher im weltlichen Bereich angesiedelt. Auch sie können dem Narren Lehren und Lektionen auf seinen Weg mitgeben. Gemäß ihrer Deutung kann dies unter anderem Reife, Struktur und Verantwortung sein.

V

Die 5 wird von vielen Menschen als zutiefst magische Ziffer angesehen. So hält ein Pentagramm mit seinen fünf Ecken zum Beispiel den Teufel fern.
Im Tarot verlassen wir mit der Nummer 5 wieder die weltliche Ebene und betreten die Welt des „Hierophanten". Er verkörpert den göttlichen Willen und das Wissen, welches vom Himmel auf die Erde transportiert wird. Er ist der letzte Lehrer, von dem der Narr seine Lektionen erhält.

VI

In der Numerologie ist die 6 eine absolute Glückszahl. Sie steht für Glück und Harmonie. Dieser Deutungsansatz lässt sich wunderbar auf die Tarotkarten übertragen. Die Nummer 6 gehört zur Karte „Die Liebenden". Wenn diese Karte gezogen wird, ist die Situation ziemlich klar. Die Karte steht für Liebe, Glück und Partnerschaft oder aber auch für Freundschaft.
Der Narr ist hier das erste Mal ohne Eltern oder Lehrmeister unterwegs. Er erhält keine Lektionen, sondern wird mit einem Teil seiner selbst konfrontiert. Er ist von nun an auf sich allein gestellt und muss über seinen weiteren Weg selbst entscheiden.

VII–IX

Bei den Karten mit den Ziffern 7, 8 und 9 sammelt der Narr weitere Erfahrungen und lernt, die Konsequenzen aus seiner neuerwachten Unabhängigkeit und Selbstständigkeit zu ziehen. Die Karten „Der Wagen" (7), „Die Gerechtigkeit" (8) und „Der Eremit" (9) fordern den Narren dazu auf, eigene Entscheidungen zu treffen, Herausforderungen zu überwinden und sein Schicksal selbst zu gestalten. Er wird vor Prüfungen gestellt, die er selbst, unter Beihilfe seiner Lehren und Lektionen, bewältigen muss. Er erkennt, dass das Leben manchmal ein

Wettkampf und ein Glücksspiel sein kann, und zieht sich als Konsequenz daraus vorübergehend von der Welt zurück. Dieser innere und äußere Rückzug wird mit der Karte „Der Eremit" dargestellt.

X–XI
Die Ziffern 10 und 11 gehören zu den Karten „Das Rad des Schicksals" (10) und „Die Kraft" (11). Der Narr begibt sich aus seiner Isolation wieder zurück in die Welt mit all ihren Konsequenzen. Er versucht, seinen Platz in der Welt zu finden und sich für eine weitere Richtung zu entscheiden.

XII–XVI
Die Karten mit den Ziffern 12, 13, 14, 15 und 16 stellen den Narren erneut auf die Probe. Mit der Karte „Der Gehängte" gerät der Narr ins Straucheln. Er muss in seiner Entwicklung innehalten und sich sein weiteres Vorgehen überlegen. „Der Gehängte" kann für einen Wandel, eine Veränderung und eine neue Sicht der Dinge stehen. Der Narr sammelt viele Erfahrungen, die sich prägend auf ihn und seine Entwicklung auswirken. Er beginnt, gewisse Herangehensweisen zu hinterfragen, sich von einigen seiner Lehren und Lektionen zu lösen und sich neu zu orientieren.

XVII–XXI
Die Karten mit den Ziffern 17, 18, 19, 20 und 21 markieren die letzten Stationen auf der Heldenreise des Narren zu sich selbst. Die Karte mit der Ziffer 21 – „Die Welt" – ist die letzte Trumpfkarte in der Major Arcana. Sie steht für die Vollendung und das Ende der Reise des Narren. Seine „spirituelle Sinnfindung" ist abgeschlossen. Er befindet sich am Ende und kann, wenn er es wünscht, neu beginnen.

Die Bedeutung der Ziffern in der Minor Arcana
I
Die Ziffer 1 taucht in den Karten der Minor Arcana selbst nicht auf. Sie wird stattdessen durch das Ass repräsentiert. Ähnlich wie die erste Zahl markiert die 1 im Tarotdeck den Beginn und die Basis.

II

Die Zahl 2 kommt, wie jede andere Zahl, in allen vier Gruppierungen einmal vor. Es gibt die Zwei der Schwerter, die Zwei der Kelche, die Zwei der Münzen sowie die Zwei der Stäbe. Die 2 kann, je nach Interpretationsansatz, für Partnerschaft, zwischenmenschliche Bindungen oder zwei Gegensätzlichkeiten stehen.

III

Die 3 kann im Tarot als Zusammenfügung der beiden Gegensätzlichkeiten aus der 2 gelesen werden.

IV

Ein Stück der Reise ist geschafft. Die Karte mit der 4 steht für das Erreichen eines Teilabschnittes sowie das Einläuten einer Veränderung. Sollte der vorherige Zustand allerdings weiter beibehalten werden, kann die Tarotkarte mit der 4 auch als Haltbarkeit und Konstanz gelesen werden.

V

Die 5 verkörpert im Tarot die Aktivität und die Neuentdeckung.

VI

Bei der Karte mit der 6 erkennt der Anwender die Zusammenhänge zwischen Vergangenheit, Gegenwart und Zukunft sowie deren Relevanz für sein Weiterkommen.

VII

Bei der Karte mit der Zahl 7 sind gewisse Probleme und Krisen zu meistern.

VIII

Bei der 8 beginnt man, die Probleme zu bewältigen und sich neu zu orientieren. Das kann unter anderem mit Loslassen, Abschied, Veränderung und Neuorientierung in Zusammenhang stehen.

IX
Endspurt. Das Ziel ist in Sicht. Die Karte mit der 9 hat ein durchweg positives Deutungsmuster. Sie steht für die oberste Stufe, für Erfolg und Reichtum.

X
Die Nummer 10 ist die letzte Zahl in den Karten der Minor Arcana. Sie steht symbolisch für das Ende und den Abschluss. Alternativ kann sie auch als Neuorientierung interpretiert werden.

DIE FARBEN BEI DEN TAROTKARTEN UND IHRE BEDEUTUNG

Farben* sind im Tarot von entscheidender Bedeutung. Sie sind viel mehr als nur ein ästhetisches Begleitstück für die ansprechendere Gestaltung. Auch die Farben können gezielt eingesetzt werden und versteckte Botschaften und Bedeutungen ausdrücken.

Rot
Rot steht für die Liebe und die Leidenschaft. Die Farbe kann allerdings auch auf Energie, Aggressivität und Wut hinweisen. Ihr wird das Element des Feuers zugeordnet.

Gelb
Die Farbe Gelb auf Tarotkarten kann als Zeichen für Weisheit und Selbstvertrauen, aber auch als Schüchternheit gelesen werden. Gelb in Kombination mit anderen Farben verleiht der Bedeutung der Karte mehr Gewicht. Das Element der Farbe Gelb ist der Wind.

Blau
Wenn die Farbe Blau auf Tarotkarten auftaucht, dann kann sie als Zeichen für Kälte, Melancholie, Ruhe oder Loyalität gelesen werden. Das Element dieser Tarotfarbe ist das Wasser.

Weiß

Die Farbe Weiß repräsentiert im Tarot Reinheit, Unschuld, Tugend, Einfachheit und Helligkeit. Sie tritt hauptsächlich in Gewändern oder Blumen in Erscheinung. Im Gegensatz zu anderen Farben kann Weiß im Tarot mit vielen anderen Farben in Verbindung stehen.

Schwarz

Schwarz steht im Tarot für das Böse, den Tod, die Verzweiflung oder ein Mysterium. Die Farbe tritt ausschließlich allein auf und kann nicht mit anderen Farben kombiniert werden.

Braun

Braun verkörpert Stabilität, Erde, Realität und Traurigkeit. Die Farbe steht für die Erde und das Erden.

Orange

Orange ist eine fröhliche Farbe. Im Tarot bedeutet sie Freude, Vitalität und Positivität. Die Farbe wird dem Element Feuer zugerechnet. Für die Karte „Ritter der Stäbe" wird zum Beispiel häufig Orange verwendet.

Grün

Die Farbe Grün kann im Tarot als Hinweis auf Natur, Hoffnung, Eifersucht oder Vitalität interpretiert werden. Auch diese Farbe wird dem Element Erde zugeschrieben und kann auf Wachstum hindeuten.

Lila

Lila symbolisiert das Königtum, die Würde, die Macht und die Pracht. Diese Farbe, die im Tarot nicht sehr häufig verwendet wird, kann auch für Geheimnisse und Spiritualität stehen.

Rosa

Auch die Farbe Rosa ist eine Seltenheit auf Tarotkarten. Sie symbolisiert Liebe, Freundschaft, Sensibilität und Schönheit.

Regenbogenfarben
Bei Regenbogenfarben handelt es sich um eine Kombination aus verschiedenen Farben, die für Glück und Fülle stehen kann.

UNTERSCHIEDE ZWISCHEN ALTEN UND MODERNEN TAROTDECKS

Welche Tarotdecks gibt es?

Tarot de Marseille
Das **Tarot de Marseille*** ist das älteste der Tarotdecks. Seine Ursprünge können bis auf das 16. Jahrhundert zurückdatiert werden. Das Kartendeck ist, in einer leicht abgewandelten Form, noch heute existent und in erster Linie in esoterischen Kreisen sehr begehrt. Damals wie heute wird das Tarot de Marseille für Übungen in der Wahrsagerei und des Hellsehens verwendet.
Die zeitgenössische Variante des Tarot de Marseille hat seinen Ursprung in der zweiten Hälfte des 18. Jahrhunderts. Im Gegensatz zu anderen populären Tarotdecks verfügen die Karten hier über deutlich weniger Farben. Es gibt nur Rot, Gelb, Blau und Grün.

Oswald Wirth Tarot
Das **Oswald Wirth Tarot*** stammt aus dem 19. Jahrhundert, genauer aus dem Jahr 1889. Zu Beginn umfasste das Deck ausschließlich die Große Arkana. Die Karten der Kleinen Arkana kamen erst später hinzu. Im Gegensatz zum Tarot de Marseille, das als eher weltlich eingestuft werden kann, besitzt das Oswald Wirth Tarot einen zutiefst esoterischen Touch.

Rider Waite Tarot
Das Rider Waite Tarot ist wohl das bekannteste und beliebteste Tarotdeck. Dieser Klassiker unter den Tarotdecks ist insbesondere bei Einsteigern populär. Die Karten lassen sich verhältnismäßig einfach deuten und es existiert viel Hintergrundliteratur im Hinblick auf die Interpretationsmöglichkeiten.

Als Erfinder des Rider Waite Tarot gilt der angloamerikanische Okkultist und Autor Arthur Edward Waite, der es zusammen mit der amerikanischen Künstlerin Pamela Colman Smith gestaltete. Das Deck trat das erste Mal zu Beginn des 20. Jahrhunderts in Erscheinung. Beide Begründer waren aktive Mitglieder des esoterischen Ordens „Hermetischer Orden der Goldenen Morgenröte" (Hermetic Order of the Golden Dawn).

Die Tarotkarten waren, im Gegensatz zu den vorangegangenen Decks, mit deutlich mehr Illustrationen versehen. Insbesondere die Zahlenkarten der Kleinen Arkana wiesen nun Bebilderungen auf.

Crowley Thoth Tarot

Das **Crowley Thoth Tarot*** ist benannt nach seinem Erschaffer, dem berühmten britischen Okkultisten Aleister Crowley, und entstand im Jahre 1944. Die Tarotkarten des Decks sind mystisch angehaucht und weisen in ihren Illustrationen sowie Deutungsansätzen klare Bezüge zur ägyptischen Kultur auf. Crowley gab zusammen mit dem Tarotdeck ein Begleitbuch mit dem Titel „Buch des Thoth" (Book of Thoth) heraus.

Für die Karten selbst, welche sich durch schöne Motive, kräftige Farben und detaillierte Symbole auszeichneten, war die Künstlerin Frieda Harris verantwortlich.

Das Tarotdeck ist in erster Linie für Freunde der Esoterik ein Gewinn.

Was ist der Unterschied zwischen alten und modernen Tarotdecks?

Im Vergleich zu den traditionellen Tarotdecks gilt für moderne Decks:
- Sie haben mehr und kräftigere Farben
- Sie sind kreativer
- Sie haben mehr künstlerische Bilder und Symbole
- Sie verfügen über eine Vielzahl an Stilrichtungen
- Die Namen einiger Karten haben sich verändert
- Heutzutage existieren unzählige Varianten und Versionen

- Moderne Tarotdecks sind zeitgenössischer und spiegeln den Zeitgeist wider
- Sie sind persönlicher und individueller
- Sie sind preisgünstiger
- Sie sind einfacher zu erwerben
- Sie sind detaillierter

VORBEREITUNG EINER TAROTLESUNG

Die Rolle des Fragenden

Der **Fragende*** spielt im Tarot eine entscheidende Rolle. Er ist es, der durch Fragen und Anliegen die Legung anstößt und die Zielrichtung bestimmt.
Eine Tarotsitzung läuft im Regelfall zwischen zwei aktiv beteiligten Personen ab. Es handelt sich hierbei um den Fragenden und den Legenden. Ersterer richtet sich mit einer Frage an den Legenden, formuliert seine Intention und hofft, durch die Legung Antworten oder Lösungsansätze zu erhalten.

Mögliche Fragen beim Tarot:
- Was kann ich tun, um eine bessere berufliche Entwicklung zu erzielen?
- Was kann ich selbst dafür tun, eine Beförderung zu erhalten?
- Wie kann ich meine Beziehung glücklicher gestalten?
- Welchen Weg wird meine Beziehung einschlagen?
- Was hindert mich daran, den Partner meines Lebens zu treffen?
- Was erhoffe ich mir von der Liebe?
- Was sind meine Hoffnungen, Ziele und Ängste im Hinblick auf die Liebe?
- Wie ist es um meine Kritikfähigkeit bestellt?
- Wie kann ich schwierige Situationen meistern?
- Wie sieht es mit meinem Durchsetzungsvermögen aus und wie kann ich dieses verbessern?
- Wie stehe ich aktuell zu meiner Arbeit?
- Welche Ziele verfolge ich?

- Wie sieht meine finanzielle Zukunft aus?
- Was sind meine Hoffnungen, Ziele und Träume?
- Wie ist es aktuell um mein Selbstwertgefühl bestellt und wie kann ich dieses steigern?
- Wie kann ich die aktuellen Schwierigkeiten überwinden?
- Wie geht es mir im Moment gesundheitlich?
- Woran muss ich im Moment noch arbeiten und was kann ich dabei lernen?
- Was kann ich tun, damit es mir besser geht?
- In welcher Phase meines Lebensprozesses befinde ich mich gerade?
- Wie kann ich negative Gedanken und Emotionen loslassen?
- Wo befinden sich meine Blockaden und wie kann ich diese lösen?

Wie sollten die Fragen beim Tarot formuliert werden?

Die anfängliche Frage ist beim Tarot das A und O. Aber auch bei dieser Frage kann man viele Fehler machen. Wenn die Frage falsch oder missverständlich gestellt wird, kann dies die Legung negativ beeinträchtigen und in eine vollkommen falsche Richtung lenken.

Die folgenden Tipps können dabei helfen, die richtigen Fragen an das Tarot zu stellen:

- Die Fragen sollten zielführend sein
- Ja-Nein-Fragen vermeiden
- Die Fragen sollten aus einem inneren Fokus heraus gestellt werden
- Es sollte stets eine aufrechte Intention dahinterstehen
- Die Fragen sollten aus einem positiven energetischen Zustand heraus formuliert werden
- Die Intention sollte klar und genau formuliert sein
- Die Ausrichtung der Frage sollte rein positiv sein
- Man sollte sich bei der Fragestellung nicht auf Wunschträume versteifen
- Bei der Frage sollte man sich aus der Vergangenheit lösen und auf die Gegenwart konzentrieren
- Offene Fragen an das Tarot formulieren

- Fragen variieren, um nicht immer die gleiche Frage zu stellen
- Fragen kurz, knapp und einfach formulieren
- Ohne Vorbehalte an die Frage herangehen
- Mit einem gewissen Ernst an die Sache herangehen

Wie wichtig ist die Intuition bei der Legung?

Die Intuition spielt bei der Legung der Tarotkarten eine zentrale Rolle. Sie entscheidet in großen Teilen darüber, wie tief, intensiv und wirkungsvoll die während einer Legung gewonnenen Einblicke und Erkenntnisse sein können. Die Intuition der Fragenden steuert die Legung, lässt einen mehr als nur simple Karten sehen und ermöglicht es einem, aus den Deutungen der Tarotkarten ganz neue Erkenntnisse über sich, sein Innerstes und sein Leben herauszulesen.

Unter Intuition versteht man grundsätzlich so etwas wie ein Bauchgefühl. Es ist ein plötzlicher Gedanke oder eine ungeplant auftretende Emotion. Im Regelfall lässt sich eine Intuition nicht mit Logik erklären. Sie stammt eher aus dem Unterbewusstsein.

Im Tarot ist die Intuition sehr wichtig, denn sie erlaubt es, hinter die Karten zu sehen und deren Deutungsmustern mehr Tiefgang zu verleihen. Unter Beihilfe der Intuition können die Tarotkarten besser und intensiver auf die individuelle Person und deren Situation hin gedeutet werden.

Der oder die Fragende sollte sich also beim Tarot nicht auf die simple Deutung der Karten beschränken. Vielmehr gilt es, über den regulären Deutungsansatz hinauszugehen und das eigene Bauchgefühl in die Interpretation einfließen zu lassen. Ebendiese Intuition ist am Ende der ausschlaggebende Faktor bei der Deutung der Tarotkarten. Sie gibt an, welche Emotionen die Karte im ersten Augenblick in einem auslöst. Auf diese Intuition sollte man im Tarot auf jeden Fall hören und ihr vertrauen. Sie eröffnet einem ganz neue Möglichkeiten und Sichtweisen auf die Dinge.

Tipps und Tricks zur Stärkung der Intuition:
- Stress- und Störfaktoren ausblenden
- Innere Ruhe einkehren lassen
- Meditationsübungen durchführen
- Autogenes Training absolvieren
- Spazieren gehen
- Atemübungen durchführen
- Entspannungsbad nehmen
- Auf die Selbstwahrnehmung achten und diese schulen
- Auch negative Gedanken und Gefühle zulassen
- Intuition immer wieder anwenden
- Auf die innere Stimme und das Bauchgefühl hören
- An der eigenen Menschenkenntnis arbeiten und diese trainieren
- Keine Angst vor Fehlern haben
- Rein rationales Denken ablegen
- Keinen Perfektionismus anstreben
- Mehr Entscheidungen intuitiv treffen
- Auf das Herz hören
- Den Verstand nicht die Oberhand gewinnen lassen

Ethische Verantwortung beim Tarot

Einfühlungsvermögen

Ein Tarotkartenleger muss einen gewissen Zugang zu den Wünschen und Absichten des Fragenden haben. Er muss mit ihm und seinen an die Legung gekoppelten Intentionen umgehen können und ein gewisses Einfühlungsvermögen für ihn und seine Ängste, Sorgen und Probleme aufbringen können. Im Idealfall bringen die Legenden eine ausgeprägte Empathie mit sich, welche es ihnen erlaubt, die emotionale Energie ihres Gegenübers erkunden zu können und die Karte dementsprechend zu lenken und zu interpretieren. Es ist sehr häufig der Fall, dass Kartenleger und -leser es mit sehr sensiblen oder sogar bedrückenden Informationen zu tun bekommen. Diese müssen sie dann annehmen und mit ihnen arbeiten können. Dieser Aspekt verlangt viel Verständnis, Sensibilität und Einfühlungsvermögen.

Ein guter Tarotkartenleger muss über die Fähigkeit verfügen, sich in die fragende Person hineinzufühlen. Nur so kann es zu einer erfolgreichen Legung und einem entsprechenden Ausgang kommen.

Mitgefühl

Sehr viele Menschen wenden sich an das Tarot, weil sie Sorgen, Nöte und/oder anderweitige Probleme haben. Aus ebendiesem Grund sollten Tarotkartenleger bei Sitzungen neben Einfühlungsvermögen auch eine gehörige Portion Mitgefühl mitbringen. Allerdings sollte man hierbei aufpassen: Es ist zwar wichtig, die Sorgen und Nöte des Gegenübers ernst zu nehmen und Anteilnahme zu zeigen, allerdings sollte man die damit verbundenen Gefühle und Emotionen nicht zu nah an sich heranlassen. Die empfundenen Gefühlsregungen könnten sich auf die Karten übertragen und die Legung negativ beeinträchtigen.

Objektivität

Der Leger sollte die Tarotsitzung immer aus einem objektiven Blickwinkel heraus beurteilen. Er sollte auf keinen Fall seine eigenen Gefühle oder Ansichten im Hinblick auf eine bestimmte Situation miteinfließen lassen. Er hat stets wertfrei und unvoreingenommen an eine Legung heranzugehen und die persönliche Meinung auszuklammern. Eine subjektive Herangehensweise könnte die Legung der Karten verfälschen und negativ beeinträchtigen.

Grenzen einhalten

Der Fragende ist beim Tarot immer König. Er muss bei seiner Frage an die Legung nicht ins Detail gehen und auch nicht alles preisgeben. Es ist ihm erlaubt, über gewisse Dinge Stillschweigen zu wahren und Grenzen abzustecken. Der Legende hat diese Grenzen zu respektieren und einzuhalten.

Vertraulichkeit gewährleisten

Die Vertraulichkeit der Informationen sowie die Privatsphäre des Gegenübers sind beim Tarot von zentraler Relevanz. Sie gilt es zu schützen und zu wahren.

Die Auskünfte und Mitteilungen, die aus den Karten gedeutet werden können, sollten auf jeden Fall unter dem Deckmantel der Verschwiegenheit gehalten werden. Alle Informationen sollten vertraulich behandelt und nicht an Außenstehende weitergegeben werden.

Keine Exklusivität annehmen

Die Legenden beim Tarot sollten nicht davon ausgehen, dass die Fragenden oder Ratsuchenden ihre kommenden Entscheidungen einzig und allein vom Ausgang einer Tarotlegung abhängig machen. Sie ist nur ein Aspekt von vielen und kann lediglich Richtungen oder Tendenzen angeben. Den Weg selbst muss der Fragende allein bestreiten. Eine Tarotsitzung kann hierbei lediglich einen von vielen Lösungsansätzen darstellen.

Eigene Fähigkeiten klar abstecken

Tarotkartenleser sollten sich bereits im Vorfeld ihrer Fähigkeiten und Grenzen bewusst sein und diese klar abstecken. Eine klare Kommunikation mit dem Ratsuchenden ist hier das A und O. Auf keinen Fall sollte sich ein Leser selbst überschätzen und in Bereiche vorwagen, über die er keine oder nur unzureichende Kenntnisse hat. Eine solche Herangehensweise kann zu Fehlinterpretationen, Missdeutungen und einem fehlerhaften Ausgang der Sitzung führen.

Sich seiner Verantwortung bewusst sein

Für Tarotleser ist es elementar, sich ihrer großen Verantwortung für die Ratsuchenden bewusst zu sein und nicht „aus dem Bauch heraus" zu urteilen. Die Fragenden treten mit einem gewissen Vertrauen an die Leser heran. Dieses Vertrauen sollten sie nicht enttäuschen. Es ist ihre Aufgabe, stets exakte und präzise Informationen zu liefern und ihre Stellung nicht zu missbrauchen.

Aufmerksam sein und bleiben

Jeder Fragende hat das Recht, gehört und wahrgenommen zu werden. Ein jeder Fragende soll mit der gleichen Aufmerksamkeit und dem gleichen Respekt behandelt werden. Aufmerksamkeit ist das zentrale Element in jeder Lesung. Nur wer sich die Sorgen, Nöte und Wünsche des Ratsuchenden aufmerksam anhört, kann wirkungsvolle Deutungen und Interpretationsansätze liefern.

Sitzungen ablehnen

Hin und wieder kann es vorkommen, dass Lesende mit sehr schwerwiegenden körperlichen oder seelischen Problemen und Anliegen konfrontiert werden. In diesen Fällen ist es durchaus möglich, dass dies die Fähigkeiten der Karten übersteigt. In solchen Fällen sollten Tarotleser die Ratsuchenden an einen Fachmann verweisen. Das können Psychologen, Therapeuten oder Ärzte sein.

Eine Tarotsitzung kann einen Besuch beim Arzt oder Therapeuten nicht ersetzen.

MEHR ALS NUR HOKUSPOKUS
die Kunst des Tarotkartenlegens

Tarot kann so vielschichtig sein. Das Auswählen und Legen der Karten ist eine Kunst, die an etwas Übung und Geduld geknüpft ist. Mit ein paar Tipps und Tricks gelingt der Einstieg in dieses spannende Thema aber spielend leicht.

ES IST NOCH KEIN TAROT-MEISTER VOM HIMMEL GEFALLEN – VORBEREITUNG BEIM TAROT

Tipps und Tricks bei der Auswahl des Decks

Vor das Legen hat der Tarot-Gott die Inspiration gesetzt
Aller Anfang ist schwer. Gerade beim Tarot sollte der Einstieg gut durchdacht werden. Beim Erlernen der Tarot-Spreads und der Deutung der jeweiligen Karten spielt auch die Auswahl des Decks eine zentrale Rolle. Das hört sich allerdings einfacher an, als es ist. Es existieren unzählige unterschiedliche Tarotdecks, von denen jedes seine Daseinsberechtigung hat und einem speziellen Zweck dient. Neulinge in der spannenden Welt des Tarots sollten sich zu Beginn an einem Tarotkarten-Set für Einsteiger versuchen. Aber auch hier gibt es zahlreiche Versionen, Varianten und Editionen. Sich das erstbeste Set zu greifen, ist ein Schritt in die falsche Richtung. Das falsche Deck kann einem die Freude an diesem Hobby bereits zu Beginn gründlich vermiesen. Es ist daher ratsam, sich vor dem Kauf zuerst einen Überblick über die einzelnen Decks zu verschaffen und sich inspirieren zu lassen. So kann man zum Beispiel die Läden nach Tarotkarten durchstöbern und sich vom Fachpersonal beraten lassen. Im Idealfall kann man sogar einen ersten Blick auf das Deck und die Karten werfen.

Viele Anhänger des Tarots raten Anfängern zu klassischen Decks. Insbesondere das Rider Waite Tarot ist sehr beliebt und weit verbreitet. Die ästhetisch ansprechenden Bilder und Symbole bieten gute Interpretationsansätze und erleichtern den Einstieg um ein Vielfaches.

Auf das Bauchgefühl hören
Sehr häufig ist es so, dass nicht der Käufer die Karten, sondern die Karten den Käufer finden. Das bedeutet, dass man beim Kauf eines Tarotdecks nicht auf den Preis, die Popularität oder die Position im Regal achten sollte. Beim Kauf von Tarotkarten ist es wichtig, nicht auf seinen Kopf, sondern auf sein Bauchgefühl zu hören. Wenn einen ein Deck sofort anspricht und die Gestaltung der Karten etwas in einem auslöst, dann ist es genau das richtige. Selbstverständlich sind Planung und Information beim Kauf entscheidend – aber manchmal ist es am sinnvollsten, sich einfach von seinen Gefühlen und Emotionen leiten zu lassen.
Es ist wenig hilfreich, einer Empfehlung zu folgen, wenn die Betrachtung der Karten und des Decks nichts in einem auslöst und man lieber ein anderes Deck haben möchte. Ein solcher „Fehlkauf" kann einem den Einstieg erschweren und die Freude am Tarot verderben. Letztendlich sollten das Deck und die Karten einem selbst gefallen. Man sollte mit den Karten arbeiten können und wollen. Deshalb kauft man das Deck für sich, und nicht auf Rat anderer. Selbstverständlich kann man sich Rat und Hilfe suchen, aber die finale Entscheidung für oder gegen ein Deck sollte immer bei einem selbst liegen.
Für welches Deck man sich letztlich entscheidet, bleibt einem selbst überlassen. Wichtig ist lediglich, die Entscheidung nicht übereilt zu treffen.

Oldies but Goldies
Das Legen und Deuten von Tarotkarten erfordert etwas Übung. Es ist daher ratsam, beim ersten Deck auf die Klassiker zu setzen. Die Vorteile liegen klar auf der Hand: Diese Decks werden von der Mehrheit der Anhänger benutzt und analysiert. Es existieren also zahlreiche Hintergrundinformationen, die man bei der Anwendung zurate ziehen kann. In der Mehrheit der Fälle ist bereits ein umfangreicheres Begleitbuch mit allen nötigen Informationen im Set enthalten. Besagtes Begleitbuch sollte auf jeden Fall genau studiert werden. Es

bietet zahlreiche wertvolle Tipps für die Anwendung und versorgt den Nutzer mit wichtigen Deutungsmustern für die jeweiligen Karten.

Ausgefallene Decks können zwar anziehend sein, sind in ihrer Nutzung für Einsteiger allerdings auch sehr kompliziert. Je seltener ein Deck, desto spärlicher sind die Hintergrundinformationen. Dieser Umstand kann den Einstieg in das Set und die Welt des Tarots massiv erschweren.

Eigeninitiative zeigen

Es ranken sich zahlreiche Geschichten und Mythen um Tarot. Eine davon lautet, dass man sein erstes Deck geschenkt oder vererbt bekommen sollte. Hierbei handelt es sich allerdings um Aberglauben. Wer so denkt und handelt, wird wohl ewig auf sein erstes Tarotdeck warten müssen. Manchmal muss man etwas Eigeninitiative zeigen und sich seine Wünsche selbst erfüllen. Es wird die Legung der Karten nicht negativ beeinträchtigen, wenn man sich sein erstes Deck kauft. Im Gegenteil! Beim Kauf eines Tarotdecks sollte man immer darauf achten, was einem die Karten mitteilen möchten und welche Empfindungen das Betrachten der Karten in einem auslöst. Die Karten sollten zu einem sprechen und gewisse Emotionen hervorrufen, ansonsten ist es vielleicht das falsche Deck. Ein geschenktes oder geerbtes Deck kann und wird nur selten den individuellen Wünschen und Ansprüchen entsprechen. Wenn die Karten einem nichts sagen, in einem nichts auslösen und man zu ihnen keine Verbindung herstellen kann, kann das die Legung behindern.

Den eigenen Stil miteinfließen lassen

Geschmäcker sind ja bekanntlich verschieden. Aus ebendiesem Grund gibt es auch für jeden Geschmack das entsprechende Tarotdeck, denn Tarot steht und fällt mit der Gestaltung der Karten. Hierbei sind der Kreativität keine Grenzen gesetzt. Es gibt unzählige Decks, welche sich allesamt in der Zeichnung und Gestaltung ihrer Karten unterscheiden. Der künstlerische Stil der jeweiligen Karten ist ein entscheidendes Kaufargument. Er verleiht dem Deck eine gewisse Individualität und entspricht im besten Fall dem bevorzugten Stil des Nutzers. So können die Karten zum Beispiel im Comic-Stil gestaltet sein, Steam-Punk-Elemente enthalten oder von Malern und deren Kunstrichtungen inspiriert worden sein.

Auf Qualität Wert legen

Bei der Auswahl des richtigen Tarotdecks sollte man nicht am falschen Ende sparen. Ein preisgünstiges Deck ist zwar schön und gut, dabei wird aber häufig an der Qualität gespart. Mit einem qualitativ minderwertigen Deck kann man nur bedingt arbeiten und wird nicht lange Spaß damit haben. Deshalb sollte man kein Deck kaufen, ohne zuvor die einzelnen Karten genau betrachtet zu haben. Sind sie hochwertig verarbeitet? Liegen sie gut in der Hand? Entspricht die Gestaltung den individuellen Wünschen und Ansprüchen? Lassen sie sich gut mischen? Wie ist die Qualität des Papiers? Eine schlechte Qualität kann einem die Freude am Tarot gründlich vermiesen. Es ist daher von Vorteil, auch diesbezüglich etwas genauer hinzusehen und auf eine gewisse Qualität Wert zu legen. Ein gutes Preis-Leistungs-Verhältnis ist am Ende effektiver als ein günstiger Anschaffungswert. Wer billig kauft, kauft zweimal.

WIE NEU – WIE MAN TAROTKARTEN REINIGT UND AUFLÄDT

Wer sich mit Tarotkarten auskennt und diese regelmäßig anwendet, der weiß, dass man sie von Zeit zu Zeit energetisch reinigen muss. Bei jeder Anwendung nehmen die Karten negative Schwingungen auf. Davon bleiben immer Rückstände vorhanden. Durch das energetische Reinigen werden sie gelöscht und die Tarotkarten können wieder zum Einsatz kommen. Wann und wie man die Karten auflädt, bleibt jedem selbst überlassen. Manche Anwender reinigen ihr neues Kartendeck bereits vor der ersten Nutzung und machen sich so mit ihren Karten vertraut. Alternativ dazu kann man die Karten reinigen, wenn sie sich für einen nicht mehr „richtig" anfühlen, wenn sie häufig zum Einsatz kamen, wenn die letzte Sitzung mit vielen negativen Emotionen verbunden war, wenn sie schon lange nicht mehr gereinigt wurden oder wenn eine wichtige Legung bevorsteht. Die folgenden Tipps und Tricks können einem dabei helfen, die Tarotkarten energetisch zu reinigen und neu aufzuladen.

Auf die Karten blasen und klopfen
Es muss nicht immer die vollständige „Tiefenreinigung" sein. Wenn es schnell gehen soll, reicht auch ein kurzes Blasen und Klopfen, um die Tarotkarten energetisch aufzuladen. Das Ritual selbst ist ganz einfach und nimmt auch nur wenig Zeit in Anspruch. Es kann problemlos kurz vor einer neuen Legung durchgeführt werden.
Zu Beginn kann man die Karten fächern oder vor sich ausbreiten. Dann pustet man ganz vorsichtig auf die einzelnen Karten. Jede Karte sollte dabei etwas abbekommen.
Im Anschluss daran ordnet man die Tarotkarten wieder zu einem Stapel an und klopft kurz auf den Kartenstapel. Die Karten sind nun energetisch gereinigt. Die verbrauchte oder negative Energie ist entwichen und sie können wieder für die kommende Sitzung verwendet werden.

Die Tarotkarten räuchern
Wer gerne etwas mehr Zeit investieren und seine Tarotkarten ausgiebig reinigen und neu aufladen möchte, der kann sie auch räuchern. Empfehlenswert ist hierbei eine Räucherung mit Salbei oder Weihrauch. Auch mit Myrrhe oder Palo Santo lassen sich Tarotkarten energetisch aufladen.
Zu Beginn ist das Räucherwerk zu entzünden. Neben Räuchermischungen können auch Räucherstäbchen oder ätherische Öle zum gewünschten Erfolg führen.
Sobald eine Rauchentwicklung entsteht, kann man die Tarotkarten über den Rauch halten oder hindurchziehen. Die Herangehensweise bleibt dabei jedem selbst überlassen. Wichtig ist lediglich, dass jede Tarotkarte mit dem reinigenden Rauch in Berührung kommt. Es ist daher von Vorteil, jede Karte einzeln zu räuchern.

Karten ins Sonnen- oder Mondlicht legen
Durch Sonnen- oder Mondlicht können Tarotkarten ebenfalls energetisch aufgeladen und gereinigt werden. Viele Tarot-Freunde nutzen hierfür die Kraft des Vollmondes.

Für ein Sonnen- oder Mondbad müssen die Karten lediglich über einen gewissen Zeitraum hinweg dem Licht ausgesetzt werden. Es empfiehlt sich, die Karten auf die Fensterbank zu legen.

Kristalle oder Heilsteine zur Aufladung verwenden
Kristalle oder Heilsteine können bei der Aufladung von Tarotkarten ebenfalls eine zentrale Rolle spielen. Verwiesen sei hierbei explizit auf Bergkristall, Selenit oder Turmalin, denen eine klärende und reinigende Kraft nachgesagt wird. Sie sollen Menschen oder Gegenstände vor negativen Energien beschützen und diese fernhalten. Für die Aufladung können die Karten beispielsweise neben die Heilsteine gelegt oder zusammen mit diesen in ein Behältnis gegeben werden.

Karten mit eigener Energie aufladen
Eine weitere effektive Methode zur energetischen Reinigung der Tarotkarten ist, die Karten mit der eigenen positiven Energie aufzuladen. Dies kann im Rahmen einer Meditation geschehen.
Zu Beginn sollte man sich an seinen Wohlfühlort zurückziehen und für eine ruhige und angenehme Atmosphäre sorgen. Es ist ratsam, für den Zeitraum der Meditation Handy, Telefon und Klingel abzustellen sowie die Fenster zu schließen. Störende Nebengeräusche können den Vorgang negativ beeinträchtigen.
Wenn gewünscht, können auch Kerzen oder Räucherstäbchen entzündet werden.
Im Anschluss daran nimmt man eine bequeme Sitzposition ein, schließt die Augen und begibt sich vorsichtig in einen Meditationszustand. Das Tarotdeck hält man dabei am besten zwischen den Händen. Alternativ kann man das Deck auch ausbreiten und die Hände darauflegen. Wichtig ist, dass eine Verbindung zwischen Körper und Karten entsteht.
Nun konzentriert man sich auf seine positiven Energien und lässt diese aus seinem Körper über die Hände in die Karten fließen.
Sobald man spürt, dass die Tarotkarten von positiver Energie durchdrungen sind, kann man sich vorsichtig aus der Meditation lösen und das Ritual beenden.

ANORDNUNG DER KARTEN

Das Legen der Tarotkarten ist für viele Menschen Ritual und Hilfe zugleich. Die Karten verraten ihnen viel über sich selbst, ihr Innenleben und ihre weitere Entwicklung. Die Anwender suchen in den Karten Rat, Entscheidungshilfe und Beistand. Damit eine Legung zum entsprechenden Erfolg führt, gibt es einige spezielle Regeln zu beachten und zu berücksichtigen. Selbst das Legen und Anordnen der Karten ist gewissen Richtlinien unterworfen.

Für die Legung und Anordnung gibt es zahlreiche Varianten und Legesysteme. Die klassische Version ist das Drei-Karten-Legesystem. Diese Legeart ist insbesondere bei Anfängern und Einsteigern in die Welt des Tarots begehrt. Sie ist verhältnismäßig einfach in der Anwendung und Umsetzung und liefert dennoch präzise Antworten auf die gestellten Fragen und beabsichtigten Intentionen. Das Legesystem ist auch sehr wandelbar und kann bei vielen Fragen und Sachlagen herangezogen werden.

Für die Durchführung des **Drei-Karten-Legesystems*** muss man lediglich drei Karten aus dem Tarotdeck ziehen und sie von links nach rechts vor sich hinlegen. Jede Karte hat dabei einen individuellen Bedeutungswert. Sie steht repräsentativ für die jeweilige Frage oder Absicht hinter der Tarotsitzung. Die zugeschriebene Bedeutung ist jedoch nicht fix. Sie kann von Legung zu Legung variieren und auf die vorherrschende Intention oder Situation hin interpretiert werden.

In der Mehrheit der Fälle stehen die drei gewählten Tarotkarten repräsentativ für die Vergangenheit, die Gegenwart und die Zukunft. Hierbei handelt es sich um das typische und traditionelle Deutungsmuster.

Die zuerst gezogene Karte steht sinnbildlich für die Vergangenheit. Aus ihr lässt sich herauslesen, warum der oder die Fragende sich aktuell in ebendieser Situation befindet und was dazu geführt haben könnte.

Die zweite Karte stellt den jetzigen Zeitpunkt und die aktuelle Lage dar.

Auf der dritten Karte ist die Zukunft abgebildet. Aus ihr lassen sich Prognosen für die Zukunft anstellen.

Die Deutung der Tarotkarten sagt viel über den weiteren Weg, die mögliche Ausgangslage oder das Resultat der kommenden Entwicklungen. Die drei

Karten können allerdings nicht ausschließlich als Vergangenheit, Gegenwart oder Zukunft gelesen werden. Es gibt Fragen und Intentionen, bei denen eine solche Einteilung keinen Sinn ergeben würde. Deshalb existieren auch Lege- und Lesarten, in denen die drei gezogenen Karten für „Situation", „Aktion" und „Ergebnis" stehen.

Vor diesem Hintergrund verkörpert die erste Karte die Gegenwart und die momentane Sachlage.

Die zweite Karte steht für die Aktion, die man jetzt einleiten sollte, oder die möglichen Wege, die man einschlagen kann.

Die dritte Karte zeigt eine plausible Endsituation auf. Sie bildet wieder ab, wozu die Aktionen führen könnten.

Eine weitere Herangehensweise wäre, die drei gezogenen Karten als „Körper", „Geist" und „Seele" zu interpretieren. Diese Lesart wird sehr gerne verwendet, wenn man nach Lösungen oder Heilmethoden für aktuelle physische oder psychische Probleme sucht.

Alternativ können die drei Karten auch als „Problem", „Hindernis" und „Lösung" gelesen werden. Eine solche Lege- und Lesart ergibt in erster Linie dann Sinn, wenn man vor größeren Aufgaben steht, die es zu bewältigen gilt.

Dies sind nur einige der möglichen Interpretationsansätze für die drei gezogenen Tarotkarten. Man sollte sich nicht auf eine vorgeschriebene Lesart versteifen. Die Bedeutung der jeweiligen Karten kann auch ganz frei und individuell sein. Wichtig ist lediglich, dass sie zur zentralen Frage an die Legung und/oder der Intention passt. Es ist entscheidend, mit einer klaren Absicht an die Legung heranzugehen und das Ergebnis nicht überzuinterpretieren. Eine Tarotsitzung kann die Zukunft nicht vorhersagen, sie kann lediglich Impulse oder Möglichkeiten aufzeigen. Die Gestaltung der Zukunft liegt in einem selbst.

WAS LIEGT DENN DA?
TYPISCHE LEGEMUSTER IM ÜBERBLICK

Dreierlegung

Es muss nicht immer die große und umfangreiche Tarotlegung sein. Für die kleinen Fragen und Anliegen des Alltags genügt im Regelfall die simple **Dreierlegung***. Hierbei handelt es sich um eines der klassischen und einfachsten Legesysteme, welches sich sehr gut für Einsteiger eignet.

Bei der Dreierlegung gilt es, sich an einen ruhigen Wohlfühlort zurückzuziehen und eine zentrale Frage zu überlegen.

Im Anschluss daran mischt man die Tarotkarten, wählt drei Karten aus und legt diese nebeneinander vor sich hin.

Im nächsten Schritt können die Karten aufgedeckt, interpretiert und auf die Fragestellung angewendet werden. Hierbei ist wichtig anzumerken, dass die gezogenen Karten nicht für sich allein stehen. Sie sollten im Idealfall miteinander kombiniert und in Zusammenhang gebracht werden.

Das keltische Kreuz

Beim **keltischen Kreuz*** handelt es sich um eines der bekanntesten und beliebtesten Legesysteme im Tarot. Das keltische Kreuz ist sehr umfangreich und bietet Antworten und Lösungsansätze für vielfältige Fragen und Anliegen. In der Mehrheit der Fälle landen Tarot-Nutzer bei diesem Legesystem.

Beim keltischen Kreuz werden insgesamt zehn Karten gezogen, die auf eine bestimmte Art und Weise ausgelegt und interpretiert werden.

- Die erste Karte legt man in der Mitte vor sich hin
- Die zweite Karte legt man quer auf die erste Karte
- Die dritte Karte wird über den beiden Karten angeordnet
- Die vierte Karte hingegen liegt unter der ersten und zweiten Karte
- Die fünfte Karte liegt links neben den beiden ersten Karten
- Die sechste Karte wird rechts neben die beiden ersten Karten gelegt
- Die siebte Karte liegt ganz unten in einer Reihe, die parallel zu den bereits gezogenen Karten angeordnet wird
- Die achte Karte wird in der Reihe über die siebte Karte gelegt

- Die neunte Karte wird in ebendieser Reihe über die achte Karte gelegt
- Die zehnte und letzte Karte befindet sich ganz oben in der Reihe

Viele Anhänger des Tarots gehen beim keltischen Kreuz nicht nach den einzelnen Nummern vor, sondern decken die Karten chronologisch auf und interpretieren die Symbole dann im Hinblick auf das Anliegen. Bei dieser Herangehensweise werden zuerst die fünfte, dann die neunte, dann die erste und zweite, dann die dritte, die vierte, die siebte, die achte und abschließend die sechste und die zehnte Tarotkarte aufgedeckt.

Das Jahres-Horoskop
Das Legesystem „Jahres-Horoskop" nimmt unter den Tarot-Legesystemen einen besonderen Stellenwert ein. Es werden deutlich mehr Karten gezogen und die Frage oder Absicht erstreckt sich über einen längeren Zeitraum. Es soll eine Untersuchung über eine fernere Zukunft angestellt werden. Eine solche längerfristige Analyse benötigt eine klarere Antwort und somit auch eine präzisere Fragestellung. Der Zeitpunkt für die Legung eines „Jahres-Horoskop" kann von Person zu Person unterschiedlich sein. Die Mehrheit der Tarot-Anhänger führt zum Jahresende eine Prognose dieser Art durch. Sie kann alternativ auch am Geburtstag oder zu Beginn eines neuen Lebensabschnitts gelegt werden. Das Legesystem benötigt im Hinblick auf Frage und Intention etwas mehr Planung und Vorbereitung.
Im Regelfall werden beim „Jahres-Horoskop" dreizehn Tarotkarten aus dem Deck gezogen und auf die jeweiligen Monate hin interpretiert. Die letzte Karte behandelt das Hauptthema des nächsten Jahres.

Beziehungsdynamik-Legung
Viele Fragen und Anliegen beim Tarot drehen sich um die Liebe und um Beziehungen. Liebe und Beziehungen sind für viele ein Geheimnis, welches es näher zu erforschen gilt. Dabei kann eine Tarotlegung gute Dienste leisten.
Jeder Mensch gelangt in seiner Liebesbeziehung einmal an den Punkt, wo er sich gewisse Fragen stellt und nach Antworten sucht. In der Beziehungsdynamik-Legung erhoffen sich die Anwender tiefere Einblicke in ihre Beziehung und Lösungsansätze für deren Analyse und Intensivierung.

Eine **Beziehungsdynamik-Legung*** kann auf unterschiedliche Arten und Weisen durchgeführt werden.

Beziehungsdynamik-Legung mit 3 Karten

Die Beziehungsdynamik-Legung mit drei Karten ist beliebt und weit verbreitet. Sie ist sehr einfach und liefert schnelle Antworten.

Zu Beginn gilt es, eine Frage an die Legung zu formulieren. Diese sollte im Idealfall klar und präzise sein.

Im Anschluss daran werden die Karten gemischt. Während dieses Vorgangs kann man sich seine Absicht immer wieder vor Augen halten.

Nun zieht man drei Karten und legt diese vor sich hin. Dabei wird zuerst die Karte ganz links außen, dann die Karte ganz rechts außen und dann die in der Mitte gelegt.

Der blinde Fleck

Beim Legesystem **Der blinde Fleck*** geht es primär um die Selbsterfahrung. Es zeigt die Unterschiede zwischen Selbsteinschätzung und Fremdeinschätzung deutlich auf. „Der blinde Fleck" ist eines der wenigen Legesysteme, das ohne einleitende Frage auskommt.

Bei der Legung zieht man vier Karten aus dem Deck und legt diese im Quadrat vor sich hin. Die erste und die zweite Karte kommen dabei nach oben, während die dritte und die vierte Karte darunter angeordnet werden.

Der Weg

Das Legesystem **Der Weg*** zählt zu den beliebtesten überhaupt und wird immer dann angewandt, wenn man wissen will, wie man mit einer speziellen Angelegenheit umgehen soll oder welchen Standpunkt man zu gewissen Themenbereichen oder Problemen ergreifen soll.

Es werden sieben Karten gezogen. Die erste Karte legt man ganz oben vor sich hin. Die zweite, dritte und vierte Karte werden untereinander in einer Reihe unter die erste Karte gelegt. Die Karten 5 bis 7 werden parallel dazu von unten nach oben unter die erste Karte gelegt.

ICH SEHE WAS, WAS DU NICHT SIEHST – INTERPRETATIONSMÖGLICHKEITEN BEIM TAROT

Grundlagen der Deutung und Deutungstechniken

Dreierlegung

Obgleich die Dreierlegung auf den ersten Blick sehr simpel erscheint, verfügt sie dennoch über vielfältige Anwendungsmöglichkeiten und Deutungsansätze. Die Dreierlegung ist nicht starr auf eine Thematik und ein Deutungsmuster begrenzt. Das Legesystem erlaubt zahlreiche Interpretationsmöglichkeiten und kann bei den unterschiedlichsten Themen zurate gezogen werden. Sehr begehrt sind hierbei Fragen oder Anliegen im Hinblick auf die Liebe, das Schicksal oder den beruflichen Erfolg.

Bei der Dreierlegung zieht man drei Karten aus dem Deck und legt sie nebeneinander vor sich hin. Eine jede Karte hat eine Bedeutung, die je nach Kontext ganz unterschiedlich ausfallen kann. Entscheidend ist, dass die gezogenen Karten nicht für sich alleine stehen können. Sie müssen in ihrem Interpretationsansatz in Kombination mit den anderen gezogenen Karten gelesen werden.

Das keltische Kreuz

Bedeutung der Karten:
1. Karte   Ausgangssituation, Thematik der Fragestellung
2. Karte   Ereignis, Gefühl oder Person, welche die aktuelle Lage positiv oder negativ beeinflusst
3. Karte   Einschätzung der Ausgangslage, Grund für Fragestellung und Intention, Absicht
4. Karte   leitende Gefühle und Emotionen
5. Karte   jüngste Vergangenheit
6. Karte   unmittelbare Zukunft
7. Karte   Fragender selbst und dessen Emotionen
8. Karte   direktes Umfeld und äußere Einflüsse
9. Karte   Ängste, Hoffnungen und Befürchtungen
10. Karte   fernere Zukunft

Das Jahres-Horoskop

Im Regelfall werden beim „Jahres-Horoskop" dreizehn Tarotkarten aus dem Deck gezogen. Die Karten stehen für die zwölf Monate im Jahr, wobei chronologisch vorgegangen wird. Das heißt, die erste Karte steht symbolisch für den Januar und die zwölfte Karte repräsentiert den Dezember. Die dreizehnte Karte hingegen gibt einen grundlegenden Trend oder eine Entwicklung wieder.

Beziehungsdynamik-Legung mit 3 Karten

Bei der Beziehungsdynamik-Legung zieht man drei Karten und legt diese nebeneinander vor sich hin.
Im Hinblick auf die Deutung repräsentiert die linke Tarotkarte einen selbst und seine Funktion in der Beziehung. Die rechte Karte steht für den Partner und die mittlere für die Beziehung und deren Dynamik.

Der blinde Fleck

Bedeutung der Karten:
1. Karte   Wie man sich selbst wahrnimmt und wie andere einen sehen
2. Karte   Was andere nicht von einem wissen
3. Karte   Was andere an einem wahrnehmen
4. Karte   Was einem selbst und anderen verborgen bleibt

Der Weg

Bedeutung der Karten:
1. Karte   Worum geht es?
2. Karte   Bisheriges Denken und Einstellung zur Thematik oder Problematik
3. Karte   Unterbewusste Botschaften und Beweggründe
4. Karte   Eigene Wirkung auf andere
5. Karte   So sollte man sein Verhalten verändern (Lösungsansatz)
6. Karte   Gefühle und Gedanken, die offengelegt werden sollten
7. Karte   Veränderung in Handeln und Verhalten

BEDEUTUNG DER POSITIONEN IM LEGEMUSTER

Dreierlegung

Bei der Dreierlegung hat man am Ende drei Tarotkarten vor sich liegen. Eine liegt in der Mitte, eine rechts und eine links davon. Die linke Karte repräsentiert häufig die Vergangenheit, die mittig angeordnete Karte verkörpert die Gegenwart und die rechte Karte symbolisiert die Zukunft.

Alternativ können die Tarotkarten auch für „Situation", „Aktion" und „Ergebnis" oder für „These", „Antithese" und „Synthese" stehen.

Das keltische Kreuz

Anordnung der Karten:

- Die erste Karte legt man mittig vor sich hin. Sie verkörpert die Ausgangssituation.
- Die zweite Tarotkarte wird quer über die erste gelegt. Sie drückt aus, warum man sich gerade positiv oder negativ fühlt.
- Eine Kombination der ersten und zweiten Karte kann schon einmal eine gute Antwort auf die Ausgangsfrage liefern.
- Die dritte und die vierte Karte kommen über und unter die beiden ersten Tarotkarten. Die dritte Karte liegt dabei darüber, während die vierte Karte darunter angeordnet wird. Diese beiden Tarotkarten liefern weitere wertvolle Hintergrundinformationen und tragen zur Beantwortung einer Frage bei.
- Die fünfte Tarotkarte wird links und die sechste Tarotkarte rechts von den beiden ersten Karten positioniert. Die Karten können etwas mehr über die jüngste Vergangenheit oder die nahe Zukunft sagen.
- Die siebte, achte, neunte und zehnte Tarotkarte werden ganz rechts als Säule von unten nach oben gelegt. Diese Karten liefern zusätzliche Informationen, welche für die Beantwortung der Ausgangsfrage benötigt werden.

Das Jahres-Horoskop
Beim Jahres-Horoskop ist die Position der Karten nicht von Bedeutung.

Beziehungsdynamik-Legung mit 3 Karten
Bei der Beziehungsdynamik-Legung mit drei Karten legt man drei Karten vor sich hin. Eine wird mittig, eine rechts und eine links angeordnet.
Im Hinblick auf die Deutung repräsentiert die linke Tarotkarte den Fragenden selbst und dessen Funktion in der Beziehung, die rechte den Partner und die mittlere die Beziehung und deren Dynamik.

Der blinde Fleck
Beim Legesystem „Der blinde Fleck" werden vier Karten gezogen und gelegt.
Die erste Karte kommt nach links oben. Sie symbolisiert alles, was einem selbst und den Mitmenschen bekannt ist.
Die zweite Karte kommt nach unten rechts. Sie gibt an, was andere nicht über einen wissen oder denken.
Die dritte Karte wird nach links unten gelegt. Sie sagt einem etwas darüber, wie andere Menschen einen wahrnehmen.
Die vierte und letzte Tarotkarte wandert nach rechts oben. Sie zeigt an, was einem selbst und den anderen verborgen bleibt.

Der Weg
Beim Legesystem „Der Weg" werden sieben Karten gelegt. Die erste kommt ganz oben in die Mitte. Links davon werden die zweite, dritte und vierte Karte als Säule von oben nach unten gelegt. Auf der rechten Seite werden die fünfte, sechste und siebte Karte als Säule von unten nach oben angeordnet.
Die erste Tarotkarte gibt an, worum es in der Legung eigentlich geht.
Die linke Säule repräsentiert die Vergangenheit mit all ihren Gefühlen, Gedanken und Verhaltensmustern.
Die rechte Säule hingegen gibt Aufschluss über die inneren unterdrückten Wünsche, Hoffnungen und Sehnsüchte.

WICHTIGE KOMBINATIONEN ZWISCHEN DEN KARTEN

Tarotkarten sollten nicht getrennt voneinander gelesen und interpretiert werden, denn häufig ergibt erst die Interpretation aller gelegten Karten ein schlüssiges Gesamtkonzept. Die Karten stehen stets in einem Zusammenhang miteinander und weisen häufig Beziehungen zueinander auf. Diese können, je nach Karte und Bedeutung, von stärkerer oder schwächerer Natur sein.
Häufig können bei Tarotlegungen sogenannte **Kartenkombinationen*** auftreten. Darunter versteht man eine tiefere Beziehung zwischen zwei oder mehr Tarotkarten, die in Verbindung miteinander gelesen und interpretiert werden können. Kartenkombinationen können auf die unterschiedlichsten Arten und Weisen hergestellt werden. So können die Karten unter anderem durch ihre Bedeutung, die von ihnen ausgehenden Gedanken und Gefühle oder durch ihre Anordnung im Legesystem in Verbindung zueinander gebracht werden.
Ein Beispiel für eine Kartenkombination wären die Karten „Die Herrscherin" und „Die Welt". Beide sind sehr positive Karten und deuten auf einen guten Ausgang hin. Eine weitere gelungene Kartenkombination sind „Der Narr" und „Die Liebenden". Diese beiden Karten deuten im Zusammenspiel eher auf eine platonische Beziehung hin, in der beide Beteiligten viel Spaß haben.

KONKRETE BEISPIELE MIT ENTSPRECHENDER INTERPRETATION

Dreierlegung
1. Karte → Der Narr
2. Karte → Zehn der Stäbe
3. Karte → Die Welt

Bei dieser speziellen Ziehung steht die Karte „Der Narr" für die Vergangenheit, „Zehn der Stäbe" für die Gegenwart und „Die Welt" für die Zukunft.
Im Hinblick auf die Interpretation kann dies bedeuten, dass man in der

Vergangenheit etwas Neues begonnen hat, zum Beispiel einen neuen Job oder eine neue Liebe. Aufgrund dieser Entscheidung fühlt man sich aktuell gestresst und am Ende seiner Belastbarkeit. Die Zukunft zeigt, dass man sich dennoch richtig entschieden hat und sich am Ende alles zum Guten wendet.

Das keltische Kreuz
1. Karte → Die Liebenden (Gegenwart)
2. Karte → Fünf der Kelche (Hindernis)
3. Karte → Zwei der Stäbe (Vergangenheit)
4. Karte → König der Münzen (Zukunft)
5. Karte → Der Turm (bewusste Einflüsse)
6. Karte → Die Welt (unbewusste Einflüsse)
7. Karte → Sieben der Schwerter (Standpunkt)
8. Karte → Die Hohepriesterin (äußere Einflüsse)
9. Karte → Vier der Stäbe (Hoffnungen und Ängste)
10. Karte → Der Narr (Resultat)

Eine solche Legung könnte so interpretiert werden, dass man sich aktuell sehr wohl fühlt und in einer glücklichen Beziehung ist. Man ist allerdings auch mit Trauer und Verlust konfrontiert, woraus eine gewisse Melancholie erwächst. Die Karte „Zwei der Stäbe" deutet darauf hin, dass man in der Vergangenheit eine wichtige Entscheidung getroffen hat. Die Zukunft sieht allerdings rosig aus. Der „König der Münzen" verspricht Geld, Erfolg und Stabilität.

Das Jahres-Horoskop
Das Jahres-Horoskop kann ganz unterschiedlich gelegt werden, und auch die Anzahl der Karten ist variabel. Man kann dreizehn Karten für die zwölf Monate und die Aussichtskarte oder vier Karten für die vier Jahreszeiten ziehen. Alternativ kann man auch nur eine Karte ziehen und daraus eine Prognose für das kommende Jahr anstellen.
Gehen wir davon aus, dass man nur eine Karte zieht, und zwar die „Fünf der Schwerter". Diese Karte bedeutet, dass man im nächsten Jahr auf der Hut sein sollte. Jemand versucht, einen zu hintergehen und zu verraten.

Beziehungsdynamik-Legung mit 3 Karten
Linke Karte → Die Herrscherin
Rechte Karte → Zehn der Münzen
Mittlere Karte → Ritter der Kelche

Man selbst fühlt sich in der Beziehung sehr dominant und strotzt nur so vor Selbstbewusstsein und Sinnlichkeit. Auch dem Partner geht es gut in der Beziehung. Er fühlt sich geliebt, gibt selbst Liebe und ist finanziell abgesichert. Obgleich alles sehr zuversichtlich aussieht, sollte man immer wieder für seine Liebe kämpfen, um diese zu sichern und zu bewahren.

Der blinde Fleck
Oben links → Der Eremit
Unten rechts → Vier der Kelche
Unten links → Der Magier
Oben rechts → König der Schwerter

Die Karte „Der Eremit" gibt an, dass man sich selbst etwas zurückgezogen hat. Vielleicht hat man schlechte Erfahrungen gemacht und ist enttäuscht worden. Nun wählt man zuerst einmal den Weg in die Einsamkeit, um an sich zu arbeiten und sich zu stärken.
Doch eigentlich möchte man wieder zurück in die Öffentlichkeit und unter Menschen, um neue Chancen zu ergreifen (Vier der Kelche).
Die anderen nehmen einen selbst als eine Art Macher und Kämpfer wahr, der für sich und seine Träume kämpft – und das mit Erfolg.
Man selbst sieht sich auch als dominante und durchsetzungsstarke Persönlichkeit. So wird man die Zeit der inneren Einkehr nutzen, um sich selbst und anderen Menschen wieder die starke Persönlichkeit zu präsentieren, die alles für ihre Träume und Wünsche tut.

Der Weg
1. Karte → Der Wagen
2. Karte → Fünf der Schwerter

3. Karte → König der Stäbe
4. Karte → Sieben der Kelche
5. Karte → Zehn der Münzen
6. Karte → Die Welt
7. Karte → Drei der Stäbe

Ein Neustart kündigt sich an. Etwas kommt ins Rollen und wird aktiv. Das kann unter anderem ein neuer Job oder ein Umzug sein.
In der Vergangenheit war man bereits in einer führenden Position. Man hatte das Sagen und konnte sich durchsetzen. Aber es gab auch Neider. Ein Hinterhalt hat einen gezwungen, zu handeln und sich nach neuen Chancen und Möglichkeiten umzusehen.
Alles fügt sich zusammen. Der Neustart wird funktionieren und einen in eine Zukunft voller Liebe und finanzieller Absicherung führen.

WELCHE GEFAHREN KÖNNEN BEI MISSDEUTUNG LAUERN?

- Beeinträchtigung der psychischen und emotionalen Gesundheit
- Verlust der Glaubwürdigkeit des Tarotkartenlegers
- Versteifung auf schlechte Vorzeichen
- Angst vor speziellen Karten wie dem Tod
- Eindimensionale Deutungsmuster
- Auslösung von Ängsten und Panikattacken
- Überinterpretation der Tarotkarten
- Die kommenden Entscheidungen einzig und allein von den Karten abhängig machen
- Eigenverantwortung abgeben und nur nach den Prophezeiungen der Karten leben
- Erzwungenes Handeln, das sich negativ auf die natürliche Entwicklung der Dinge auswirkt
- Den Karten zu viel Aussagekraft zuschreiben

DIE KARTEN OFFENBAREN SICH

Tarot-Symbolik im Detail

Tarotkarten sind magisch-mystisch und stecken voller Geheimnisse. Ein kurzer Blick auf die Karten ist für eine Deutung meistens nicht ausreichend. Die zahlreichen Farben, Nummern, Motive und Symbole sind ebenfalls wesentliche Faktoren, die eine tiefere und weitreichendere Interpretation erlauben. Tarotkarten haben eine eigene Sprache, welche es zu entschlüsseln gilt.

DIE GEHEIMSPRACHE DER MAJOR ARCANA

Die 22 Trumpfkarten der Großen Arkana und ihre symbolische Bedeutung

- 0 - Der Narr → Ungebundenheit, Naivität, Gleichgültigkeit, Sorglosigkeit, Unbekümmertheit
- I – Der Magier → Erfolg, Umsetzung, Selbsterkenntnis, Wissen, Kreativität
- II – Die Hohepriesterin → weibliche Kraft, Intuition, Wissen
- III – Die Herrscherin → Fülle, Reife, Vollendung, Fruchtbarkeit, Weiblichkeit
- IV – Der Herrscher → Herrschaft, Macht, Kontrolle, Verantwortung
- V – Der Hierophant → göttlicher Willen auf Erden, Sinn, Wahrheit
- VI – Die Liebenden → Liebe, Verbindung, Partnerschaft, Zuneigung, Zusammengehörigkeit
- VII – Der Wagen → Reise, Richtung, Bewegung, Aktivität, Entwicklung

VIII – Die Gerechtigkeit → Ausgleich, Wahrheit, Ehrlichkeit
IX – Der Eremit → Rückzug aus der Welt, innere Reise, Wahrheitssuche, Weiterentwicklung, inneres Wachstum
X – Das Rad des Schicksals → Kreislauf des Lebens, Karma
XI – Die Kraft → Mut, Stärke, Erfolg, Energie
XII – Der Gehängte → Strafe, Qual, Wandel, Einschnitt
XIII – Der Tod → Ablösen, Loslassen, Ende, Beginn von etwas Neuem
XIV – Die Mäßigkeit → Abwägen, langsam angehen lassen
XV – Der Teufel → Blockaden, Hindernisse, Schwierigkeiten
XVI – Der Turm → Zerstörung, Fall, Katastrophe, Rückzug
XVII – Der Stern → Erfüllung, Schönheit, Glück
XVIII – Der Mond → das Unbewusste, innere Ruhe, Intuition, inneres Bewusstsein
XIX – Die Sonne → Glück, gutes Gelingen, Lebenskraft, Energie, Kreativität
XX – Das Gericht → Prüfung von Dingen, Angelegenheiten beenden
XXI – Die Welt → Vollendung, Erfolg, Reife

Tipps und Tricks für den Einstieg in die Major Arcana:
- Sich für ein Deck entscheiden, das einen anspricht
- Offen und ohne Vorbehalte an die Legung herangehen
- Für eine ruhige und angenehme Atmosphäre sorgen
- Frage oder Anliegen klar und präzise formulieren
- Je spezifischer die Frage, desto besser
- Mischen und mit den Karten Kontakt aufnehmen
- Frage oder Absicht immer wieder vor Augen führen
- Die Trumpfkarte ziehen, zu der man sich hingezogen fühlt
- Mit einfachem Legesystem beginnen
- Bei den Symbolen auf das Bauchgefühl hören und nicht sofort nachschlagen
- Interpretation niederschreiben

DIE GEHEIMSPRACHE DER MINOR ARCANA

Die vier Farben der Kleinen Arkana

Stab

Die Stäbe können im Tarot alternativ auch als „Keulen" oder „Speere" betitelt werden. In einem regulären (Skat-)Kartenspiel entsprechen die Karten der Stäbe der Kartenfarbe Kreuz.

Die Stäbe werden dem Element Feuer und der Jahreszeit Frühling zugerechnet. Sie verkörpern Reife, Wachstum, Macht, Gewinn, Durchsetzungsvermögen und Erfolg. Alternativ können sie allerdings auch auf Verlust oder Versagen hindeuten.

Kelch

Die Karten der Kelche sind im Tarot auch als „Pokale" bekannt. Sie sind mit der Spielkartenfarbe Herz vergleichbar.

Die Kelche stehen repräsentativ für das Element Wasser, wasserbetonte Menschen oder Wasserzeichen (Skorpion, Krebs, Fische). Sie stehen symbolisch für Emotionen, Liebe, Partnerschaft und Intuition. Auch über das Innenleben geben die Kelche Aufschluss.

Die auf den Karten abgebildeten gefüllten Kelche stehen symbolisch für volle Emotionen, Wünsche und Herzensangelegenheiten.

Münze

Manchen Tarot-Anhängern sind die Karten der „Münzen" auch als „Pentakel" oder „Schilde" ein Begriff. Wer für eine Tarotlegung ein handelsübliches Kartenspiel verwendet, der wird die Karten der Münzen im Karo wiederfinden.

Die Karten der Münzen stehen stellvertretend für Materialismus, Erbschaft, Geben und Nehmen sowie Stabilität.

Das Element der Münzen ist die Erde.

Schwert

Die Schwert-Karten aus der Kleinen Arkana entsprechen der Kartenfarbe Pik in den regulären Spielkartendecks.

Wenn Karten der Schwerter aufgedeckt werden, dann können diese als Symbol für Verstand, Vernunft, Wissen oder Intellekt gelesen werden.

Das Element der Karten der Schwerter ist die Luft. Sie stehen für luftbetonte Menschen und Luftzeichen.

INTERPRETATIONSMÖGLICHKEITEN, ZAHLEN UND SYMBOLE DER MINOR ARCANA

Die Karten der Stäbe:
- Bube der Stäbe   Aufbruch, Neubeginn, Kreativität
- Ritter der Stäbe   Temperament, Energie, Genuss, den Moment genießen
- Königin der Stäbe   Loyalität, Stärke, Bestimmtheit, Souveränität, Entschlossenheit
- König der Stäbe   Elan, Dynamik, Selbstbewusstsein, Führungspersönlichkeit, Autorität
- Ass der Stäbe   Erfolg, Spaß, Freude, Enthusiasmus
- Zwei der Stäbe   Aktivität, Kreativität, Vorhaben vorantreiben, Basis schaffen
- Drei der Stäbe   Positivität, Optimismus
- Vier der Stäbe   Freude, Feierlichkeit, Stabilität
- Fünf der Stäbe   zwischenmenschliche Konflikte, Ärger, Unstimmigkeit, Neid
- Sechs der Stäbe   Sieg, Durchsetzungsvermögen
- Sieben der Stäbe   Konflikte, Konkurrenz
- Acht der Stäbe   positiver Wandel
- Neun der Stäbe   Stärke, Durchhaltevermögen, Vorsicht
- Zehn der Stäbe   Probleme, Sorgen, Last

Die Karten der Kelche:
- Bube der Kelche → Unverfänglichkeit, Schwärmerei, Freude, Begeisterung
- Ritter der Kelche → Romantik, Emotionen, Leidenschaft
- Königin der Kelche → Einfühlsamkeit, Wahrhaftigkeit, Verständnis
- König der Kelche → Erfahrung, Weisheit, Gerechtigkeit
- Ass der Kelche → Liebe, Glück
- Zwei der Kelche → Beziehung, Liebe, Partnerschaft
- Drei der Kelche → gute Laune, Freude
- Vier der Kelche → verpasste Gelegenheit
- Fünf der Kelche → Schicksal, Trauer, Schmerz
- Sechs der Kelche → Freude, Glück, Offenheit
- Sieben der Kelche → Fantasie, Illusion
- Acht der Kelche → Reise, Aufbruch, Neuanfang, Neuorientierung
- Neun der Kelche → Verschwendung, Geiz
- Zehn der Kelche → Glück, Partnerschaft, Zweisamkeit

Die Karten der Münzen:
- Bube der Münzen → Freigiebigkeit, finanzielle Unbekümmertheit, Genuss
- Ritter der Münzen → Zielstrebigkeit, Ehrgeiz, Konsequenz, Lebensfreude, Leichtigkeit
- Königin der Münzen → Bodenständigkeit, Ruhe, Entspannung, Gleichgewicht
- König der Münzen → Weisheit, Erfahrung, Reife
- Ass der Münzen → Erfolg, Triumph, Gewinn, Reichtum
- Zwei der Münzen → Flexibilität, Anpassungsfähigkeit
- Drei der Münzen → Prüfung, Geheimnis wird offengelegt, etwas wird aufgeklärt
- Vier der Münzen → Isolation, Einsamkeit
- Fünf der Münzen → Verlust, Schmerz, Leid, Elend
- Sechs der Münzen → Großzügigkeit, Hilfsbedürftigkeit
- Sieben der Münzen → Entwicklung, Erfolg

- Acht der Münzen → Vorwärtskommen, Aufbau
- Neun der Münzen → Gewinn, positiver Wandel
- Zehn der Münzen → Lohn, Fülle

Die Karten der Schwerter:
- Bube der Schwerter → Provokation, Herausforderung, Kritik, Konfrontation, Ärger
- Ritter der Schwerter → Angriff, Streit, Kampf
- Königin der Schwerter → Verstand, Intuition, Zukunft
- König der Schwerter → Strategie, Klarheit, überlegtes Denken und Handeln
- Ass der Schwerter → Klarheit, Verständnis, Erkenntnis
- Zwei der Schwerter → Engstirnigkeit, Zweifel, Unklarheit
- Drei der Schwerter → Fehler, Bereuen
- Vier der Schwerter → innere Blockade, Auszeit, Rückzug
- Fünf der Schwerter → böse Taktiken und Absichten
- Sechs der Schwerter → Ungewissheit, etwas Unbekanntes
- Sieben der Schwerter → Falle, Betrug, List
- Acht der Schwerter → Struktur, Feigheit, fehlende Offenheit
- Neun der Schwerter → emotionale Last, Sorgen, Probleme
- Zehn der Schwerter → Ende, Schluss, Schock

DAS GEHEIMNIS HINTER DEN ZAHLENKARTEN – DIE BEDEUTUNG DER ZIFFERN IN DER MINOR ARCANA

2

Die Ziffer 2 auf den Zahlenkarten der Kleinen Arkana repräsentiert Dualität und Gegensätze. Sie steht für Streit und Konflikt, aber auch für Balance, Zweisamkeit und Partnerschaft.

3

Die 3 steht symbolisch für etwas, was aus einer Verbindung von zwei Personen oder Dingen hervorgeht. Dies kann Freundschaft, Beziehung, Teamwork oder Partnerschaft bedeuten. Aber die 3 ist auch ein Sinnbild für Kunst und Kreativität.

4

Wer an die Zahl 4 denkt, dem fallen meist zuerst die vier Himmelsrichtungen oder die vier Elemente ein. Im Tarotdeck der Kleinen Arkana kann die 4 aber auch ein Zeichen für Sicherheit, Stabilität und Ordnung sein. Darüber hinaus repräsentiert sie Disziplin, Solidarität und Fundamente.

5

Die 5 stellt die Mitte des Weges oder der Tarot-Reise durch die Minor Arcana dar. Sie sorgt für Veränderungen, Herausforderungen und Unruhe. Die Zahl kann aber auch als Fortschritt, Freiheit und neuer Mut gelesen werden.

6

Bei der 6 ist alles ausgeglichen und in Balance. Das gilt in erster Linie für die Themenschwerpunkte Gesundheit, Ehe oder Familie. Alternativ kann die Ziffer 6 auch für Harmonie und Zufriedenheit stehen.

7

Die Ziffer 7 ist im Tarot ein deutliches Zeichen für Magie, Glück und Spiritualität.

8

Hinter der Nummer 8 verbirgt sich ein Anzeichen für Sieg und Erfolg. Die Ziffer kann aber auch als Wiedergeburt und Neubeginn gelesen werden.

9

Wenn die Ziffer 9 im Tarot auftaucht, dann kann sie als Aktivität, Flexibilität und Realisierung aufgefasst werden.

10

Die 10 bildet das Ende der Tarot-Reise durch die Kleine Arkana. Die letzte Ziffer bedeutet allerdings nicht den Abschluss. Sie steht vielmehr für Übergang, Neuanfang, Neuorientierung und den Beginn eines neuen Zyklus.

MEHR ALS NUR THEORIE
Tarot in seiner praktischen Anwendung

Tarot ist sehr wandlungsfähig und lässt sich für eine Vielzahl von Fragen, Angelegenheiten und Belangen einsetzen. Aber in welchen Bereichen kommen die Tarotkarten bevorzugt zum Einsatz?

TAROT ALS MITTEL ZUR SELBSTREFLEXION

In unserer heutigen Zeit möchten wir immer mehr über uns erfahren und unser Innerstes erkunden. Wir sind stets bestrebt, unsere Gedanken, Gefühle und Verhaltensweisen genau zu erforschen, zu analysieren und vielleicht zu optimieren. Selbstreflexion steht bei der Bevölkerung aktuell hoch im Kurs. Sie ist wichtig, um sich selbst kennenzulernen, die eigenen Stärken und Schwächen offenzulegen, an sich zu arbeiten und sich weiterzuentwickeln. Es existieren zahlreiche Mittel und Wege, wie man in sich gehen und über sich selbst sowie seine Verhaltensweisen nachdenken kann. Verwiesen sei hierbei auf längere Spaziergänge, Meditation oder das Schreiben eines Tagebuchs. Auch Tarot kann ein wirkungsvolles Mittel sein.

Tarot kann sich positiv auf die Selbstreflexion sowie das innere individuelle Wachstum auswirken. Diese Methode ist sehr effektiv, nimmt nur wenig Zeit in Anspruch und lässt sich ohne Komplikationen in den Tagesablauf integrieren. Viele Anwender nutzen die Tarotkarten, um mehr über sich zu erfahren, Einsicht in das innere Ich zu erhalten und an sich zu arbeiten.

Es ist sogar die primäre Aufgabe des Tarots, die Anwender zu mehr Selbsterkenntnis zu führen und sie bei ihrer individuellen Entwicklung zu unterstützen. Tarot eignet sich hervorragend dafür, die eigenen Gedanken, Gefühle und Verhaltensweisen kennenzulernen und zu analysieren.

Die Tarotkarten sind ein Zugang zum inneren Selbst. Ihre Gestaltung appelliert an die persönliche Gefühlswelt und das eigene Bauchgefühl. Die daraus erwachsenden Assoziationen sind absolut individuell und gehen weit über die klassischen Deutungsmuster hinaus. Auf diese Art und Weise erhält die Interpretation der Tarotkarten mehr Tiefgang. Empfehlenswert ist also, sich beim Anblick der Karten nicht auf die überlieferte Deutung zu stützen, sondern einfach einmal auf sein Bauchgefühl zu hören. Durch diese Herangehensweise kann man einen besseren Einblick in die eigenen Gefühle und Gedanken erhalten und sein inneres Selbst besser analysieren und erkunden. Die Befragung der Karten kann verborgene Wünsche offenlegen und innere Ängste und/oder Konflikte zutage bringen.

Tarot als Mittel zur Selbstreflexion – so geht es Einzelkartenziehung

Der simpelste und effektivste Weg, um Tarot als Mittel zur Selbstreflexion zu verwenden, besteht darin, täglich eine Karte zu ziehen und diese auf die „Frage des Tages" oder die aktuelle Situation hin zu interpretieren. Die Übung ist selbst für Einsteiger in die Welt des Tarots mühelos durchführbar.
Den Anfang bildet die Frage an die Tarotlegung. Sie sollte kurz und präzise formuliert werden, zum Beispiel:

- Mit welcher Energie werde ich heute durch den Tag gehen?
- Worauf sollte ich heute achten?
- Welche lehrreichen Lektionen werde ich heute lernen?
- Was wird der heutige Tag mir bringen?

Danach sollte man sich sammeln, ein paar tiefe Atemzüge nehmen und zur Ruhe kommen.
Im nächsten Schritt greift man nach seinen Tarotkarten und mischt diese gut durch. Während dieses Vorgangs kann man sich innerlich immer wieder die zentrale Frage ins Gedächtnis rufen und sich darauf konzentrieren.
Nun zieht man eine Karte aus dem Deck, betrachtet diese in all ihren Details, hört auf sein Bauchgefühl und interpretiert sie im Hinblick auf die Ausgangsfrage.

Für die Interpretation und Auslegung der Karte sollte man sich ein paar Minuten Zeit nehmen. Je konzentrierter man dabei vorgeht, desto besser kann dies zur Selbstreflexion beitragen. Durch die individuelle Deutung der Karte werden verborgene Gedanken und Gefühle angeregt, welche einen immensen Beitrag zur Assoziation leisten. Bevor man sich also auf eine standardisierte Deutung versteift, sollte man in sich gehen und sich fragen:

- Was fällt mir bei der Karte besonders auf?
- Was weckt mein Interesse?
- Was ist das zentrale Thema?
- Womit kann ich mich assoziieren?
- Was will diese Karte mir sagen?

All diese Fragen können in die Interpretation miteinfließen.

Die Legung selbst sollte an einem ruhigen und entspannten Ort durchgeführt werden. Es ist ratsam, Handy, Telefon und Türklingel abzustellen und den Moment nur für sich zu nutzen. Auch die Fenster sollten geschlossen werden, um den Straßenlärm auszusperren. Störende Nebengeräusche können die Übung beeinträchtigen und sich negativ auf die Legung auswirken. Wenn gewünscht, können auch ein paar Kerzen oder Räucherstäbchen angezündet werden. Erlaubt ist, was entspannt und für eine angenehme Atmosphäre sorgt.

Drei-Karten-Legung
Alternativ kann man auch durch die Drei-Karten-Legung mehr Einsicht in sein Innerstes erhalten. Die drei Tarotkarten stehen dabei für die Vergangenheit, die Gegenwart und die Zukunft. Diese Legung erlaubt einem einen tiefgründigeren und ausgiebigeren Einblick in sein Innerstes. Man bleibt nicht auf einen einzigen Tag beschränkt, sondern kann ganze Lebensphasen betrachten und analysieren. Zu Beginn gilt es, sich erneut auf eine Frage zu konzentrieren, in sich zu gehen und die Tarotkarten zu mischen.
Danach zieht man drei Karten und legt sie vor sich hin. Die erste Karte bezieht sich auf die Vergangenheit und liefert Informationen darüber, wie sich diese auf die aktuellen Umstände auswirkt.

Die zweite Karte gibt die Gegenwart und die momentane Lage wieder.

Die dritte und letzte Karte liefert Lösungsmöglichkeiten und zeigt Richtungen auf, wie sich die aktuelle Situation verbessern lässt.

Im Hinblick auf die Selbstreflexion erlaubt die Drei-Karten-Legung eine Übersicht über die aktuelle Lebenssituation, ein Aufzeigen der momentanen Probleme und Schwierigkeiten, mit denen man zu kämpfen hat, sowie eine bessere Einsicht in die unterbewussten Gefühle und Gedanken, die die aktuelle Situation herbeigeführt haben. Darüber hinaus bietet sie Lösungsansätze für eine weitere innere Entwicklung an.

Tarot-Journal

Mit der Tarotlegung alleine ist es für manche Menschen nicht getan. Wer seine Tarotübungen zur Selbstreflexion intensivieren und längerfristig erhalten möchte, der führt ein Tarot-Journal. Dort können alle mit der Legung verbundenen Gefühle, Gedanken und Interpretationsansätze niedergeschrieben werden. Dieses Tarot-Journal kann in regelmäßigen Abständen als Zeichen der inneren Reise und Entwicklung durchgeblättert und herangezogen werden.

TAROT ALS MITTEL ZUR ENTSCHEIDUNGSFINDUNG

Ja ... nein ... vielleicht. In unserem Leben müssen wir nahezu täglich Entscheidungen treffen. Manche davon sind eher banal, manche von weitreichender Natur. Ständig müssen wir wählen und uns auf eine Position festlegen oder uns für einen Schritt entscheiden. Die Konsequenzen aus diesen Handlungen können unter Umständen das ganze weitere Leben beeinflussen. Aus ebendiesem Grund sollten Entscheidungen wohl überlegt und gut durchdacht sein. In manchen Fällen können wir die Entscheidung nicht alleine treffen. Wir fühlen uns mit der Situation überfordert und benötigen eine Entscheidungshilfe. Häufig weiß man selbst noch nicht genau, was man eigentlich will, ist sich der Konsequenzen nicht genau bewusst oder hat Angst, mit der Entscheidung jemanden zu verletzen. Man grübelt und grübelt und kommt zu keinem Ergebnis. Die Situation ist verfahren. Auch in solchen Lebenslagen können Tarotkarten als Retter in der Not erscheinen.

Entscheidungshilfe mit einer Tarotkarte

Fakt ist: Tarotkarten können uns unsere Entscheidungen nicht abnehmen. Den letzten entscheidenden Schritt haben wir selbst zu gehen. Wenn wir allerdings eine wichtige Entscheidung treffen müssen und dabei wie blockiert sind, dann können uns die Karten weiterhelfen. Man spricht hierbei von einer sogenannten Entscheidungskarte.

Die Herangehensweise ist denkbar einfach und selbsterklärend. Man zieht sich an seinen Wohlfühlort zurück, sorgt für eine angenehme Stimmung und lässt innerlich sowie äußerlich etwas Ruhe einkehren.

Nun sollte man sich die Ausgangssituation sowie die möglichen Optionen genau vor Augen führen und sich die plausiblen Szenarien ausmalen. Alternativ kann man innerlich auch eine Frage formulieren. Fokus und Konzentration sind hierbei das A und O.

Im Anschluss daran greift man sich die Tarotkarten, mischt sie und zieht eine Karte. Während dieses Vorgangs ist es nach wie vor wichtig, sich die Szenarien auszumalen:

- Was wird passieren, wenn ich mich für diesen oder jenen Weg entscheide?
- Wie werde ich mich dabei fühlen?
- Sind andere Menschen von dieser Entscheidung betroffen?
- Wie wird sich das auf mein weiteres Leben auswirken?

Als Nächstes sollte man die Karte aufdecken und genau betrachten. Auch hierfür ist es hilfreich, sich etwas Zeit zu nehmen und auf sein Bauchgefühl zu hören. Was sagt einem die Karte? Welche Gefühle und Gedanken werden damit ausgelöst? Wie lässt sich die Tarotkarte auf die aktuelle Situation hin deuten?

Wenn noch weitere Entscheidungshilfen benötigt werden oder andere Aspekte durchleuchtet werden sollen, kann man gut und gerne noch mehr Karten ziehen. Die Legung soll lediglich als Entscheidungshilfe dienen. Am Ende sollte und muss man die Entscheidung selbst treffen und sich dabei nicht zu sehr von den Karten beeinflussen lassen. Diese können lediglich Lösungsansätze präsentieren. Sie können einem die Aufgabe aber nicht abnehmen.

Tarotlegung mit 3 Karten für mehr Klarheit

Auch eine Tarotlegung mit drei Karten kann dabei helfen, etwas mehr Klarheit in eine ausweglose Situation zu bringen und den Entscheidungsprozess voranzutreiben. Der Ablauf ist dabei ähnlich bis identisch. Der Unterschied besteht lediglich darin, dass drei Karten gezogen und interpretiert werden.

Die erste Karte steht für die aktuelle Situation. Sie gibt an, wie man sich im Moment gerade fühlt und in was für einem Zustand man sich befindet.

Die zweite Karte repräsentiert die inneren Blockaden, die einen von einer Entscheidung abhalten. Warum kann man keine Entscheidung fällen? Was hindert einen daran? Wie lassen sich diese Blockaden umgehen?

Die letzte Karte hingegen erlaubt einen kleinen, aber feinen Blick in die Zukunft. Was wird womöglich passieren, wenn man schlussendlich eine Entscheidung trifft? Welche Schritte kann man unternehmen, um dorthin zu gelangen? Worauf sollte man achten?

Wann es beim Tarot zu Fallstricken kommen kann:

- Wenn man zu stark auf die Aussagekraft der Tarotkarten vertraut
- Wenn man keine Eigeninitiative mehr zeigt und seine Sorgen und Probleme ausschließlich durch Tarotlesungen lösen möchte
- Wenn man sein Bauchgefühl ignoriert und stur die klassische Deutung der Karten verfolgt
- Wenn man das rationale Denken abstellt
- Wenn man sich durch die Tarotkarten fremdsteuern lässt
- Wenn sich aus der Lesung eine verzerrte Interpretation ergibt
- Wenn man nur das in die Karten hineininterpretiert, was man auch haben möchte
- Wenn man die Karten nicht mehr objektiv betrachtet
- Wenn man die Karten überinterpretiert

TAROT ALS MITTEL FÜR ZWISCHENMENSCHLICHE BEZIEHUNGEN

Freundschaft und Partnerschaft durch Tarot verstehen

Zwischenmenschliche Beziehungen spielen in unserem Leben eine zentrale Rolle. Niemand ist gern allein. Deshalb ist der Kontakt zu anderen Menschen für uns von immenser Wichtigkeit. Sie geben uns Liebe, Geborgenheit und Sicherheit, sie lenken uns ab, helfen uns bei Entscheidungen oder stehen uns bei Problemen mit Rat und Tat zur Seite.

Viele Tarotlegungen drehen sich um das Thema der zwischenmenschlichen Beziehungen. Damit muss allerdings nicht Liebe und Partnerschaft gemeint sein. Auch Freundschaften sind ein wesentlicher Bestandteil von Beziehungen.

Drehen sich die Fragen und Intentionen beim Tarot um die Themenschwerpunkte Freundschaft und Partnerschaft, dann möchte man meist mehr über den aktuellen Stand, die Dynamik sowie die weitere Entwicklung erfahren. Die Karten sollen hierbei Licht ins Dunkel bringen. Man erhofft sich Antworten oder Lösungswege im Hinblick auf die Beziehungen, die aktuell im Leben vorherrschend und prägend sind. Vielleicht fühlt man sich wie in einer Sackgasse, möchte den Moment des Stillstandes auflösen und die Freundschaft oder Partnerschaft vorantreiben.

Es existieren gesonderte Legesysteme, die sich explizit auf Fragen oder Anliegen im Hinblick auf zwischenmenschliche Beziehungen konzentrieren. Fragen dieser Art können von mannigfaltiger Natur sein und ganz unterschiedliche Anliegen haben:

- Wie ist es um meine Beziehung mit XY bestellt?
- Mit welchen Hindernissen und Blockaden sind wir konfrontiert?
- Wie kann ich meine Wünsche in die Beziehung einbringen und realisieren?
- Mit welcher Dynamik schreitet die Beziehung voran?
- Wo stehe ich in dieser Beziehung?
- Wie nimmt mein Gegenüber mich wahr?
- Wie steht mein Gegenüber zu dieser Beziehung?
- Wie kann ich meine Freundschaft/Partnerschaft optimieren?

Die Fragen an die Tarotlegung sollten nicht zu offen, sondern möglichst präzise formuliert sein, ohne dabei jedoch auf konkrete Namen oder Daten abzuzielen.

Durchführung einer Beziehungslegung
Die Legung selbst sollte im Idealfall in einer ruhigen und entspannten Atmosphäre durchgeführt werden. Der Wohlfühlort in den heimischen vier Wänden ist hierfür bestens geeignet. Bei Bedarf können Kerzen oder Räucherstäbchen entzündet werden, die für eine angenehme Atmosphäre sorgen und die Legung vorantreiben.
Zu Beginn gilt es, wie bei allen anderen Tarotlegungen auch, eine Frage zu formulieren. Danach kann man die Karten mischen und sieben Karten legen.
Die erste Karte legt man mittig vor sich hin. Die zweite, dritte und vierte Karte werden von oben nach unten rechts neben die erste Karte gelegt. Die erste Karte verbleibt in der Mitte.
Im Anschluss daran legt man die fünfte, sechste und siebte Karte von unten nach oben links neben die erste Karte.
Den jeweiligen Karten und Positionen können nun verschiedene Aspekte der Beziehung zugeschrieben werden. Die rechte Säule repräsentiert den Partner, die linke Säule einen selbst.

1. Position → zentrales Thema, Ausgangssituation
2. und 7. Position → Wie wird die Beziehung eingeschätzt? Was denkt man über die Beziehung?
3. und 6. Position → Welche Gefühle herrschen vor, wenn man an die Beziehung denkt?
4. und 5. Position → Wie wird man vom Partner wahrgenommen? Wie wird man eingeschätzt?

Konfliktlösung mit Tarot
Hin und wieder sind wir in unserem Leben mit Schwierigkeiten oder Konflikten konfrontiert, die wir nicht aus eigener Kraft bewältigen können. Wir benötigen etwas Beistand, Unterstützung und einen Schubser in die richtige Richtung. Auch hierbei können wir die Karten befragen. Das Legemuster „Der Weg" ist hierfür

optimal geeignet. Die Legung und Interpretation der Karten kann aufzeigen, wie man sich in Konflikten verhalten sollte und wie man sie auflösen und in Zukunft vermeiden kann.

Für das Legemuster werden insgesamt sieben Karten gezogen und gelegt. Die erste Karte kommt nach ganz oben in die Mitte. Die zweite, dritte und vierte Karte werden untereinander etwas versetzt zur ersten Karte gelegt. Die fünfte, die sechste und die siebte Karte kommen hingegen von unten nach oben rechts neben die erste Karte. Auch diese Säule sollte etwas versetzt angeordnet sein.

1. Position → Kernproblem des Konflikts

2., 3. und 4. Position → Vergangenheit. Welche Dinge, Gedanken oder Gefühle haben zu dieser Situation geführt?

5., 6. und 7. Position → Zukunft. Wie sollte man sich zukünftig verhalten, um eine solche Krise abzuwenden?

ALLES ANDERE ALS EIN ALTER HUT

Tarot in unserer modernen Welt

Tarot ist aktuell populärer als je zuvor. Die magisch-mythischen Karten sind in zahlreiche Bereiche unseres heutigen Alltags vorgedrungen und haben diese im Sturm erobert. Aber auf welche Gebiete unseres Lebens hat sich der Einfluss der Tarotkarten ausgedehnt?

TAROT UND SPIRITUALITÄT

Tarot und seine Bedeutung bei spirituellen Praktiken
Tarot und Spiritualität sind eng miteinander verwoben. So sind die Tarotkarten ein beliebtes Mittel zum Ausdruck der eigenen Spiritualität. Wer sich mit Spiritualität beschäftigt oder beschäftigen möchte, der kommt an Tarotkarten nicht vorbei. Aber Tarot kann weit mehr, denn es lässt sich in vielfältige spirituelle Gewänder hüllen und mit ganz unterschiedlichen Praktiken verknüpfen. So kann es unter anderem bei Meditationstechniken, Yoga oder Achtsamkeitsübungen gute Dienste leisten.

Tarot und Yoga
Tarot und Yoga können wunderbar miteinander in Verbindung gebracht werden. Die beiden spirituellen Praktiken ergänzen sich hervorragend und können aufeinander einwirken. Viele Menschen, die sich in ihrer Freizeit mit Yoga beschäftigen, finden auch Interesse am Legen der Tarotkarten und umgekehrt. Es existieren bereits Tarotkarten, auf denen Yoga-Positionen abgebildet sind. Es müssen aber nicht unbedingt gezielt auf Yoga designte Karten sein. Bei den klassischen

Tarotkarten lassen sich ebenfalls Praktiken aus dem Yogabereich entdecken. Auch in die Yogaübungen selbst können Tarotkarten integriert werden, indem man zum Beispiel während einer Kartenlegung eine Yogaübung durchführt. Die Konzentration auf die Karte kann sich positiv auf die Yogaübung und die Interpretation der Karte zugleich auswirken. Auf diese Art und Weise dringt man tiefer ins Tarot und die Yogaübung ein.

Tarot und Achtsamkeit
Achtsamkeit und Achtsamkeitspraktiken sind in unserer stressigen Zeit beliebter als je zuvor. Wir alle müssen hin und wieder zu uns selbst finden, uns erden und uns stärken. Unter Achtsamkeit versteht man den Moment, in dem man zur Ruhe kommt und den Alltagsstress einfach mal ausblendet. Das kann Stress reduzieren und den inneren Akku wieder aufladen. Wer nicht hin und wieder abschaltet und sich keine Zeit für sich selbst gönnt, der hat mit negativen Folgen für Körper und Geist zu rechnen. Die Rede ist hierbei von Depressionen, Angstzuständen, Panikattacken und Burnout. Um dies zu vermeiden, ist es ratsam, in regelmäßigen Abständen Achtsamkeitsübungen durchzuführen. Man wird dadurch nicht nur sehr viel ausgeglichener, entspannter und ruhiger, sondern lebt auch gesünder. So kann man sich zum Beispiel in stressigen Situationen einfach kurz hinsetzen und tief durchatmen, ein positives Mantra vor sich hin sagen, sich beim Essen etwas mehr Zeit lassen und die Mahlzeit genießen, das Handy abstellen oder spazieren gehen.
Auch Tarot kann der Seele helfen und für Momente voller Achtsamkeit sorgen. Das Legen von Tarotkarten stellt eine wunderbare Achtsamkeitsübung dar, die von vielen Menschen regelmäßig praktiziert wird. Das Ziehen und Deuten der Tarotkarten erfordert einen Moment der inneren und äußeren Ruhe, der Kraft und Energie spendet. Man existiert nur im Hier und Jetzt, konzentriert sich ausschließlich auf die Karten und blendet Stress, Konflikte sowie Termindruck für einen Moment aus. Während der Ziehung fokussiert man sich ausschließlich auf sein Innerstes und gibt sich seinen unterdrückten Gefühlen und Gedanken hin.

Tarot und Chakrenarbeit

Auch bei der Chakrenarbeit spielt Tarot eine zentrale Rolle. Die beiden Bereiche lassen sich hervorragend miteinander verbinden. So kann zum Beispiel jeder Tarotkarte ein Chakra oder eines unserer Energiezentren zugerechnet werden. Tarotkarten und Chakren zeigen deutliche Parallelen auf. So können beide Elemente innere Blockaden finden, analysieren und lösen, zur Weiterentwicklung beitragen und einem dabei helfen, sein inneres Potenzial zu erkennen und voranzutreiben. Darüber hinaus stehen sowohl die Chakren als auch die Tarotkarten für Lebensthemen und Charaktereigenschaften, die auf den eigenen Charakter und die aktuelle Situation interpretiert und angewandt werden können.

Es existieren zahlreiche Praktiken und Übungen, die Tarotkarten und Chakrenarbeit miteinander verbinden. Die simpelste Methode ist dabei, eine Tarotkarte zu ziehen und diese dem entsprechenden Chakra zuzuordnen. Vor der Ziehung überlegt man sich eine Frage, die sich explizit auf die Chakrenarbeit bezieht:

- Wie kann ich mein Chakra stärken?
- Wodurch wird mein Chakra blockiert?
- Was kann ich gegen diese Blockade tun?

TAROT UND MEDIATION

Obgleich es zuerst nicht den Anschein macht, passen Tarot und Meditation ganz hervorragend zusammen. Bei beiden Praktiken handelt es sich um spirituelle Mittel, die sich gegenseitig stark beeinflussen und vorantreiben können. Sie werden bevorzugt dazu eingesetzt, Kontakt zum inneren Selbst aufzunehmen und dieses zu erforschen. Es existieren zahlreiche Praktiken und Übungen, welche die beiden Elemente miteinander kombinieren.

Wenn man es genau betrachtet, dann arbeiten Tarot und Meditation Hand in Hand. Sie wollen eigentlich beide das Gleiche und werden aus ähnlichen bis identischen Zwecken durchgeführt. So können sowohl Tarot wie auch Mediation dazu beitragen, das Innerste zu erkunden und zu erforschen sowie sich weiterzuentwickeln. Beide können außerdem aufeinander einwirken. So kann die konzentrierte Betrachtung einer Tarotkarte einen Meditationszustand herbeiführen. Auf der anderen Seite kann eine kleine Meditationsübung die Interpretation und Deutung der Tarotkarten intensivieren und optimieren.

Es existieren zahlreiche Mittel und Wege, Tarot und Meditation miteinander in Zusammenhang zu bringen. Sehr beliebt und weit verbreitet ist die sogenannte **Kartenkontemplation***. Die Herangehensweise ist so simpel, dass selbst Einsteiger vor keinerlei Herausforderungen gestellt werden.

Als Erstes zieht man sich an einen ruhigen Ort zurück. Wer möchte, kann ein paar Kerzen oder Räucherstäbchen entzünden, um eine angenehme Atmosphäre entstehen zu lassen. Handy, Mobiltelefon und Türklingel sind während dieser Übung auszuschalten. Die störenden Nebengeräusche können die Wirkung des Rituals negativ beeinflussen.

Im Anschluss daran formuliert man eine Frage oder eine Intention an die Tarotlegung und mischt die Karten.

Als Nächstes zieht man eine Karte und deckt diese auf.

Nun kann man eine kurze Meditationsübung durchführen und die Karte mit all ihren Details vor dem inneren Auge entstehen lassen. Hierfür sollte man die Augen schließen, sich auf seine Atmung konzentrieren und eine Reise in sein Innerstes unternehmen. Alternativ kann man die gezogene Tarotkarte auch aufdecken und bei der Betrachtung der Karte einen Meditationszustand herbeiführen.

Viele Anwender schwören auf eine Kombination von Tarot und Meditation. Die Gründe dafür liegen klar auf der Hand: Das Zusammenspiel der beiden Techniken kann das Bauchgefühl verbessern und eine Beziehung zwischen sich und seinem inneren Selbst herbeiführen. Darüber hinaus kann man dadurch den Verstand klären, Stress abbauen und neue Wege und Richtungen erkennen. Des Weiteren führt die Kombination aus Tarot und Meditation zu einem besseren Selbstbewusstsein, einer verbesserten Selbstreflexion, einer tieferen Betrachtungsweise sowie einer geistigen und spirituellen Weiterentwicklung.

DER EINFLUSS VON TAROT

Die Darstellung von Tarot in der Literatur und den Medien
Die Zeiten, in denen man Tarot nur auf Jahrmärkten oder Volksfesten begegnete, sind längst vorbei. Schon lange wird Tarot nicht mehr nur von alten Mütterlein mit Glaskugeln betrieben. Tarot ist in unserer Gesellschaft angekommen und hat dort einen großen Bereich erobert. Tendenz steigend! Immer mehr Menschen legen sich in ihrer Freizeit die Tarotkarten und nehmen diese als Stütze und Ratgeber für ihr weiteres Leben.

Auch in den Medien werden wir nahezu täglich mit Tarot konfrontiert. Die Mehrheit unserer Lieblinge aus Büchern, Filmen oder Fernsehen hat bereits einmal die Karten gelegt. Tarotsitzungen sind in vielen Buch- und Filmhandlungen ein zentrales Thema, wobei ihnen dort immer noch eine Atmosphäre des Magischen, Geheimnisvollen und Mystischen anhaftet. Das Legen der Karten wird im Plot stets so interessant und abenteuerlich dargestellt, dass wir als Leser oder Zuschauer es gerne einmal selbst ausprobieren möchten. Wenn wir uns, ähnlich wie in unserem Lieblingsfilm oder Lieblingsbuch, mit Tarotkarten beschäftigen, können wir in unsere Lieblingsgeschichten eintauchen und den Charakteren ganz nah sein. Die Erlebnisse aus der fiktiven Welt werden auf diese Art und Weise in die reale Welt transportiert.

Das Tarot ist auch in weitere Teile der zeitgenössischen Medien vorgedrungen, beispielsweise in Form von Apps, Social Media, Internetseiten oder speziellen Fernsehsendern. Die Möglichkeiten, sich heutzutage mit Tarot zu beschäftigen, sind nahezu grenzenlos. Es existieren ganze Fernsehsendungen, die sich ausschließlich mit Tarot beschäftigen und in denen man sich live die Karten legen und deuten lassen kann. Auch im Internet gibt es immer mehr Websites und Plattformen, die sich der Thematik widmen, wertvolle Hintergrundinformationen liefern und kostenlos Kartenlegungen anbieten.

Tarot ist von einer Randerscheinung zu einem medialen Phänomen geworden, welches den Zeitgeist erkannt und sich einen Weg in unsere heutige Mediengesellschaft gebahnt hat.

Tarot und seine Bedeutung in Kunst und Design

Tarot spielt im Bereich Kunst und Design eine zentrale Rolle. Selbst Menschen ohne künstlerisches Interesse erkennen, dass zwischen den beiden Bereichen eine deutliche Verbindung vorherrscht. Bereits in der Frühzeit des Tarots wurden die Karten von namhaften Künstlern gestaltet und verziert, und auch heute können Tarotkarten als Ausdruck bildender Kunst verstanden werden. Die zahlreichen Motive, Symbole und Farben machen aus Tarotkarten regelrechte Kunstwerke, an denen auch in heutiger Zeit zahlreiche Künstler mitwirken. Auf der anderen Seite können die aufwendig gestalteten Tarotkarten selbst als Inspirationsquelle für Künstler und Designer dienen.

Das Zusammenspiel der zahlreichen Symbole, Motive und Details sowie der kräftigen Farben fördert die Kreativität und inspiriert die Künstler zu neuen Ideen und Kreationen. Auch die Gefühle und Emotionen, die Zeichner und Designer bei der Betrachtung der Karten verspüren, können in ihre Werke Einzug halten und verarbeitet werden.

Tarotkarten dienen allerdings nicht ausschließlich als Inspirationsquelle für Künstler. Sie sind auch selbst Kunstwerke. Viele bedeutende Maler und Künstler der Vergangenheit haben den Tarotkarten ihren künstlerischen Stempel aufgedrückt. Verwiesen sei hierbei auf Pamela Colman Smith, welche die Motive für das Rider Waite Tarot gestaltete, Frieda Harris, die sich künstlerisch am Crowley Thoth Tarot beteiligte, oder den bekannten spanischen Künstler Salvador Dali, der für den James-Bond-Film „Leben und sterben lassen" ein eigenes Tarotdeck entwarf.

Auch heute noch toben sich zahlreiche Künstler in Tarotkarten kreativ aus. Es existieren Decks in nahezu allen Stilrichtungen und Genres. Eine jede Karte ist dabei ein eigenes Kunstwerk und transportiert den Zeitgeist in die klassische Bildsprache der Tarotkarten. Einige davon zeigen eine solche künstlerische Raffinesse, dass es sogar gesonderte Ausstellungen dazu gibt.

DAS LEBEN MIT TAROT

Nahezu jeder hat schon einmal Erfahrungen mit Tarot gemacht oder kennt jemanden im Freundes- und Bekanntenkreis, der regelmäßig die Karten legt. Tarot kann einen immensen Einfluss auf unser Leben haben, welcher bei jedem Anwender unterschiedlich ausfällt. Aber wie kann sich die regelmäßige Legung der Tarotkarten auf unser Leben auswirken?

REFLEXIONEN ÜBER TAROT-ERFAHRUNGEN

Die Gründe für Tarotlegungen können von mannigfaltiger Natur sein. Während einige durch Freunde oder die Medien mit Tarot in Kontakt gekommen sind, hatten andere einfach Lust, etwas Neues und Unbekanntes auszuprobieren. Die Karten können sich auch als wunderbare Berater und Entscheidungshilfen oder einfach nur als Zeitvertreib entpuppen. Man sollte aber auch mit einer gewissen Ernsthaftigkeit und Offenheit an die Karten herangehen. Fakt ist: Die Karten können einem nicht die Zukunft voraussagen und auch keine Entscheidungen für einen treffen. Es ist wichtig, ihnen nicht zu viel Macht einzuräumen. Sie können lediglich Möglichkeiten aufzeigen, neue Wege eröffnen und das Innere begreifbarer machen.
Der erste Kontakt mit Tarot ist meistens schwieriger als zuerst angenommen, denn die Deutungsmuster und Legesysteme können sehr komplex sein. Es ist daher ratsam, mit einfachen Legesystemen zu beginnen und bei der Deutung auf sein Bauchgefühl zu vertrauen. Die klassischen Deutungen lassen sich zwar als Hilfestellung heranziehen, aber sie können die eigene Intuition nicht ersetzen.
Es kann auch ratsam sein, die ersten Legungen nicht alleine durchzuführen. Ein Freund oder Bekannter, der im Bereich Tarot bereits bewandert ist, kann den Einstieg um ein Vielfaches erleichtern. Alternativ kann man sich an einen professionellen Kartenleger wenden.

Zu Beginn ist Tarot, wie nahezu jedes Hobby, mit dem ein oder anderen Stolperstein verbunden. Wenn man allerdings am Ball bleibt und etwas Routine entwickelt, kann sich Tarot zu einer spannenden und hilfreichen Angelegenheit entwickeln.

KONTINUIERLICH TAROT PRAKTIZIEREN

Wer einmal Blut geleckt hat, der wird immer wieder die Tarotkarten befragen. Die Möglichkeiten sind grenzenlos. Ganz gleich, ob es dabei um eine neue Liebe, einen neuen Job oder einfach nur um die Ziehung einer Tageskarte geht – die Karten können helfen. Sie sorgen für etwas Entspannung im Alltag, lösen Blockaden, klären den Geist und unterstützen einen dabei, Fragen zu beantworten und schwierige Situationen aufzulösen. Das Legen der Karten nimmt zudem nicht viel Zeit in Anspruch. Je nach Komplexität der Fragestellung und des Legesystems kann eine Lesung von wenigen Minuten bis zu einer halben Stunde umfassen. Diese kleine Auszeit vom Alltagsstress lässt sich ganz bequem in die tägliche Routine integrieren. Darüber hinaus lässt sich Tarot auch wunderbar mit anderen Entspannungsübungen wie Yoga oder Meditation kombinieren.

Mit der Zeit wird man immer geübter und die Tarotkarten nehmen einen immer größeren Stellenwert im Leben ein. Allerdings sollte man es nicht übertreiben, indem die Karten überinterpretiert und die kommenden Entscheidungen einzig und allein von ihnen abhängig gemacht und nach ihren Deutungen gesteuert werden. Das eigene Denken und Handeln sollte weiterhin vorherrschend sein und nicht hinter den Karten zurückbleiben.

ANHANG

Glossar der wichtigsten Begriffe

Tarotkarten:
Die unterschiedlichen Karten beim Tarot bezeichnet man als Tarotkarten.

Tarot:
Tarot ist ein Satz aus 78 Spielkarten. Es ist ein beliebtes Mittel zur Selbstreflexion, ein entspannter Zeitvertreib, ein Ratgeber oder eine Hilfestellung bei Fragen und Anliegen aller Art.

Tarotdeck:
Eine Ansammlung aus mehreren Tarotkarten nennt man Tarotdeck. Im Regelfall verfügt ein Tarotdeck über 78 Karten.

Intuition:
Die innere Intuition ist ein Gefühl außerhalb des Verstandes. Es kann am ehesten als Bauchgefühl beschrieben werden und hilft Menschen dabei, gewisse Entscheidungen zu treffen und zu beurteilen.
Bei der Deutung der Tarotkarten ist die Intuition das A und O.

Kartenlegung:
Das Legen und Anordnen der Karten beim Tarot kann auch als Kartenlegung bezeichnet werden.

Selbstreflexion:
Von Selbstreflexion spricht man, wenn man sich genauer kennenlernen und das eigene Fühlen, Denken und Handeln genauer betrachten und analysieren möchte.

Kartenleger/in:
Die Person, die beim Tarot die Karten legt, wird auch als Kartenleger oder Kartenlegerin bezeichnet.

Rider Waite Tarot:
Das Rider Waite Tarot ist eines der populärsten Tarotdecks. Es wurde im frühen 20. Jahrhundert vom englischen Okkultisten Arthur Edward Waite entwickelt. Noch heute verwenden insbesondere Einsteiger das Rider Waite Tarot für ihre ersten Gehversuche in der spannenden Welt des Tarots.

Energetische Reinigung:
Hin und wieder sollten Tarotkarten energetisch gereinigt werden. Durch diese Herangehensweise werden negative Energien entlassen und die Karten neu aktiviert. Dies sollte vor dem ersten Einsatz, nach einer wichtigen Legung oder immer dann geschehen, wenn sich die Karten „nicht mehr gut" anfühlen. Zur energetischen Reinigung empfiehlt sich eine Räucherung, ein Bad im Mondlicht oder eine Aufladung mit der eigenen positiven Energie.

Tarot-Tagebuch:
Manche Anwender führen ein Tarot-Tagebuch. Darin lassen sich alle Gefühle und Gedanken festhalten, die bei der Betrachtung der Karten oder einer Legung ausgelöst werden. Auch der Ausgang einer Tarotlegung kann darin notiert werden.

Tarot-Journal:
„Tarot-Journal" ist ein Synonym für das Tarot-Tagebuch.

Legesystem:
Das Legesystem beschreibt im Tarot die Art und Weise, wie die Karten angeordnet werden. Es existieren zahlreiche Legesysteme, die ganz unterschiedliche Bedeutungen haben und auf ganz unterschiedliche Zielrichtungen ausgerichtet sein können.

Tarot-Spreads:
„Tarot-Spreads" ist der Fachausdruck für die Legesysteme im Tarot.

Tarot-Kartenboxen:
Zur sicheren Aufbewahrung kommen die Tarotkarten in Tarot-Kartenboxen.

Major Arcana:
Ein Tarotdeck untergliedert sich in die Major Arcana und die Minor Arcana. Die Major Arcana umfasst 22 Trumpfkarten mit unterschiedlichen Sinnbildern, Motiven und Bedeutungen.

Große Arkana:
Im deutschen Sprachgebrauch ist die Major Arcana auch als „Große Arkana" bekannt.

Trumpfkarten:
Die 22 Karten der Major Arcana werden auch als Trumpfkarten bezeichnet. Sie bilden die Grundlage eines jeden Tarotdecks.

Minor Arcana:
Die Minor Arcana hingegen umfasst 4 mal 14 Karten, die sich wiederum in Farbkarten, Hofkarten und Zahlenkarten untergliedern.

Kleine Arkana:
Im deutschen Sprachgebrauch ist die Minor Arcana auch als „Kleine Arkana" bekannt.

Farbkarten:
Die Minor Arcana besteht aus 56 Farbkarten. Diese wiederum bestehen aus 4 Farben (Kelche, Stäbe, Schwerter, Münzen) mit 4 mal 4 Hofkarten und 4 mal 10 Zahlenkarten. Die Farbkarten erinnern an die klassischen Skat- oder Rommékarten.

Zahlenkarten:
Die Kleine Arkana verfügt über 4 mal 10 Zahlenkarten. Man erkennt sie daran, dass zusätzlich zu den Motiven und Symbolen Zahlen abgebildet sind.

Hofkarten:
Eine jede Farbe der Minor Arcana verfügt über 4 Hofkarten. Diese sind Bube, Ritter, Königin und König.

Auf dem Kopf stehende Karten:
Bei einer Tarotlegung kann es vorkommen, dass die Karten auf dem Kopf liegen. Auch dies fließt in die Deutung mit ein. Auf dem Kopf stehende Karten haben eine eher negative Bedeutung.

Numerologie:
Numerologie bedeutet, dass bestimmten Zahlen gewisse Bedeutungen zugewiesen werden. Auch beim Tarot spielt Numerologie eine Rolle. Bei den Tarotkarten mit Nummern (Zahlenkarten) kann diese in die Interpretation miteinfließen.

Farben:
Tarotkarten sind mit sehr vielen Farben gestaltet. Auch diese spielen bei der Interpretation eine bedeutende Rolle.

Tarot de Marseille:
Das Tarot de Marseille ist das erste Deck, das mit dem heutigen Tarot vergleichbar ist. Es stammt aus dem 16. Jahrhundert.

Oswald Wirth Tarot:
Das Oswald Wirth Tarot stammt aus dem 19. Jahrhundert. Zu Beginn umfasste das Deck ausschließlich die Große Arkana. Die Karten der Kleinen Arkana kamen erst später hinzu.

Crowley Thoth Tarot:
Das Crowley Thoth Tarot ist benannt nach seinem Erschaffer, dem britischen Okkultisten Aleister Crowley, und entstand im Jahre 1944. Die Tarotkarten des Decks sind sehr mystisch angehaucht und weisen in ihren Illustrationen sowie ihren Deutungsansätzen klare Bezüge zur ägyptischen Kultur auf.

Drei-Karten-Legesystem:
Beim Drei-Karten-Legesystem werden 3 Karten gelegt. Diese repräsentieren im Regelfall Vergangenheit, Gegenwart und Zukunft.

Dreierlegung:
„Dreierlegung" ist ein Synonym für das Drei-Karten-Legesystem. Es ist verhältnismäßig simpel und eignet sich gut für den Einstieg.

Das keltische Kreuz:
Das keltische Kreuz ist ein weiteres Legesystem aus dem Tarot. Es werden dabei 10 Karten gelegt, die wie ein Kreuz angeordnet werden.

Beziehungsdynamik-Legung:
Die Beziehungsdynamik-Legung wird gern angewandt, wenn man tiefere Einblicke in seine Beziehung erlangen möchte.

Der blinde Fleck:
„Der blinde Fleck" ist ein weiteres beliebtes Legesystem, bei welchem 4 Karten im Quadrat gelegt werden. Man erfährt darin Genaueres über sich selbst und seine Wirkung auf seine Mitmenschen.

Der Weg:

Bei diesem Legesystem werden 7 Karten gelegt. Es behandelt unter anderem Themen wie Finanzen, Beruf, Liebe und Familie.

Kartenkombination:

Karten werden nur selten allein gelesen. Häufig ergeben sie erst in ihrer Kombination ein gesamtes Ganzes und sollten auch im Zusammenhang zueinander interpretiert werden. Kartenkombinationen sind Karten, die aufgrund ihrer Anordnung, ihrer Motive oder ihrer Deutungsmuster gut zusammenpassen.

Kartenkontemplation:

Die Kartenkontemplation vereint Tarot und Meditation. Die Tarotkarte wird während einer Meditation gezogen und ist somit Teil der Meditationsübung.

Impressum

Deutschsprachige Erstausgabe 2024

Copyright © 2024 Isabella Goldenstein

Isabella Goldenstein
NextPage GmbH
Konrad-Struve-Str. 8
25336 Elmshorn
nextpage@outlook.de

Amazon Europe, Luxemburg
Verantwortlich für den Druck:
Amazon Media EU S.à r.l.,
5 Rue Plaetis,
L-2338, Luxembourg

Covergestaltung & Buchsatz
Wolkenart - Marie-Katharina Becker www.wolkenart.com

Alle Rechte vorbehalten Nachdruck, auch auszugsweise, nicht gestattet Das Werk, einschließlich seiner Teile, ist urheberrechtlich geschützt. Jede Verwertung ist ohne Zustimmung des Verlages und des Autors unzulässig. Dies gilt insbesondere für die elektronische oder sonstige Vervielfältigung, Übersetzung, Verbreitung und öffentliche Zugänglichmachung.

Printed in Poland
by Amazon Fulfillment
Poland Sp. z o.o., Wrocław